井冈山市脱贫攻坚的实践、经验与展望

中国扶贫发展中心　组织编写

李海金　慕良泽　著

JINGGANGSHAN SHI TUOPIN GONGJIAN DE
SHIJIAN JINGYAN YU ZHANWANG

人民出版社

编 写 说 明

2021年2月25日，习近平总书记在全国脱贫攻坚总结表彰大会上庄严宣告，经过全党全国各族人民共同努力，在迎来中国共产党成立一百周年的重要时刻，我国脱贫攻坚战取得了全面胜利，现行标准下9899万农村贫困人口全部脱贫，832个贫困县全部摘帽，12.8万个贫困村全部出列，区域性整体贫困得到解决，完成了消除绝对贫困的艰巨任务，创造了又一个彪炳史册的人间奇迹！

党的十八大以来，以习近平同志为核心的党中央把脱贫攻坚摆在治国理政的突出位置，把脱贫攻坚作为全面建成小康社会的底线任务，组织开展了声势浩大的脱贫攻坚人民战争。党和人民披荆斩棘、栉风沐雨，发扬钉钉子精神，敢于啃硬骨头，攻克了一个又一个贫中之贫、坚中之坚，脱贫攻坚取得了重大历史性成就。新时代脱贫攻坚深刻改变了贫困地区落后面貌，有力推动了中国农村的经济社会发展进程，为实现全面建成小康社会目标任务作出了关键性贡献，为全面建设社会主义现代化国家、实现第二个百年奋斗目标奠定了坚实基础。脱贫攻坚，取得了物质上的累累硕果，也取得了精神上的累累硕果，脱贫群众精神风貌焕然一新，增添了自立自强的信心勇气。党在农村的执政基础更加牢固，党群关系、干群关系得到极大巩固和发展。脱贫攻坚伟大斗争，锻造形成了"上下同心、尽锐出战、精准务实、开拓创新、

1

攻坚克难、不负人民"的脱贫攻坚精神。创造了减贫治理的中国样本，为全球减贫事业作出了重大贡献，走出了一条中国特色减贫道路，形成了中国特色反贫困理论，丰富了人类文明新形态的探索。

为贯彻落实习近平总书记"脱贫攻坚不仅要做得好，而且要讲得好"的重要指示精神，各地区各部门全面总结脱贫攻坚经验。为记录好脱贫攻坚这场伟大的人民战争，原国务院扶贫办党组就脱贫攻坚成就和经验总结工作作出专项安排。中国扶贫发展中心在原国务院扶贫办党组的领导指导及各司各单位的配合支持下，具体牵头承办25个典型案例总结工作。发展中心精心组织工作推进，分区域、专题、层次召开了30多次讨论会，编印脱贫攻坚案例总结项目指南和驻扎式调研实施方案及有关规范要求，公开遴选25个机构组成由国内知名专家担纲的团队，深入210多个县，开展进村入户、深入县乡村访谈座谈，累计在基层一线驻扎938天。历时半年，形成了一批符合规范、较高质量的典型案例并通过了党组组织的评审，报告成果累计400多万字、视频成果16个。

西藏、四省涉藏州县、新疆南疆四地州、四川省凉山州、云南省怒江州、甘肃省临夏州、陕西省延安市、贵州省毕节市、宁德赣州湘西定西四市州、河南省兰考县、江西省井冈山市、宁夏回族自治区永宁县闽宁镇、云南省贡山县独龙江乡、河北省阜平县骆驼湾村和顾家台村、湖南省花垣县十八洞村等15个区域案例研究成果，全面呈现了这些典型贫困地区打赢脱贫攻坚战的艰苦历程，结合各地方特色，系统分析了不同地方脱贫攻坚取得的历史性成就、主要做法、遇到的困难问题、产生的经验启示，基于实地观察提出了相关建议，提炼了一批鲜活生动的脱贫故事。这些典型区域脱贫攻坚案例成果，对于巩固拓展脱贫攻坚成果，接续推动脱贫地区发展，进一步推动发展不平衡不充分问题的解决，具有重要理论价值和实践意义。

驻村帮扶、东西部扶贫协作、易地扶贫搬迁、建档立卡、扶贫小额信贷、光伏扶贫、扶贫车间、学前学会普通话、生态扶贫、电商扶贫等10个专题案例研究成果，以不同地方具体个案作为支撑，生动反映国家减贫治理中有特色、有成效的探索创新，在分析专项政策举措带来发展变化的基础上，归纳提炼其特色做法、突出成效、实践经验，分析存在的问题和挑战，提出相关建议。这些专题案例研究成果，为全面展示精准扶贫的顶层设计和生动实践，讲好中国脱贫故事提供了鲜活素材。

脱贫摘帽不是终点，而是新生活新奋斗的起点。脱贫攻坚取得全面胜利后，全面推进乡村振兴，这是"三农"工作重心的历史性转移，其深度、广度、难度不亚于脱贫攻坚。我们相信，本丛书汇集的这批脱贫攻坚典型案例所揭示的方法论意义，对于巩固拓展脱贫攻坚成果、全面推进乡村振兴、加快农业农村现代化、建设农业强国具有重要借鉴价值，对于促进实现人的全面发展和全体人民共同富裕具有重要启示。

在各书稿编写过程中，中国扶贫发展中心邀请文军、田毅鹏、刘学敏、孙久文、杜志雄、李重、吴大华、吴建平、汪向东、张莉琴、陆航、林万龙、荣利颖、胡宜、钟涨宝、贺东航、聂凤英、徐勇、康沛竹、鲁可荣、蒲正学、雷明、潘颖豪、戴焰军（以姓氏笔画排序）等专家给予了精心指导，为丛书出版提供了专业支持。

编委会

2022 年 6 月

目 录
CONTENTS

导　论

　　党的十八大以来，江西省井冈山市坚决贯彻落实中央脱贫攻坚部署要求，以脱贫攻坚统揽经济社会发展全局，发扬"坚定执着追理想、实事求是闯新路、艰苦奋斗攻难关、依靠群众求胜利"的新时代"井冈山精神"，坚持问题导向和目标导向，集中力量攻坚脱贫，如期打赢了脱贫攻坚战。本书从井冈山市脱贫攻坚中形成的"三卡"精准识别体系、"红绿相映"发展模式、"合力攻坚"帮扶资源、"兜底＋保障"巩固拓展脱贫攻坚成果同乡村振兴有效衔接五个层面，细致而深入地描述与呈现井冈山脱贫摘帽的过程、做法与特点，总结其进展与成效，提炼其经验与启示。

第一节　井冈山市的贫困概况和脱贫过程

　　井冈山地处罗霄山脉中段，属于革命老区、边远山区、贫困地区"三区叠加"的地区，由于受历史、自然、经济等多种因素的制约，井冈山扶贫开发工作面临诸多困难和问题，面对如此困难的扶贫工作，井冈山市时刻牢记习近平总书记的殷切嘱托，将扶贫工作分阶段、分步骤地进行，为打好打赢脱贫攻坚战奠定了基础。

一、贫困概况

其一，井冈山是著名的革命老区，历史欠账较多，发展任务重。井冈山是中国革命的摇篮。从井冈山开始，中国革命立足实际，坚持理论与中国国情相结合，开辟了农村包围城市武装夺取政权的革命道路，铸就了伟大的井冈山精神，成为中国革命的起点。井冈山斗争为中国革命作出了巨大贡献，老区人民也作出了巨大牺牲，在两年四个月的井冈山斗争时期，牺牲的革命烈士多达4万8千人，有名有姓的烈士有15744人，并且大部分是青壮年。例如，革命的中心茨坪，在1927年的时候有300多人，到解放前期，只剩下107人。劳动力锐减，是导致贫困的重要原因之一。

其二，井冈山是典型的边远山区，基础设施薄弱，建设任务重。井冈山位于江西省西南部，地处湘赣两省交界的罗霄山脉中段，古有"郴衡湘赣之交，千里罗霄之腹"之称，是"八山一水一分田"的典型边远山区。同时，山高路远，交通不便，信息闭塞，"山高路远多陡坡、一条国道堵车多"，是以前的真实写照。贫困村庄布局分散，人口居住零散，村与村之间跨度大，水、电、路等基础设施配套难度大，教育、医疗、文化活动中心等公共服务设施成本高。这些原因导致井冈山市农业规模小，工业基础薄弱，三产发展落后，形成区域性贫困。

其三，井冈山是集中连片的贫困地区，贫困发生率高，脱贫任务重。井冈山市由于历史、地形、交通等众多因素，是一个典型的革命老区、边远山区和贫困地区。"十二五"初期，井冈山市的贫困人口是31145人，贫困发生率是28.3%。经过一段时期的扶贫开发，到2014年初，仍然还有23519人没有迈过贫困线，贫困发生率高达21.5%，贫困户的人均可支配收入仅为2600元。长期以来，农民收入渠道有限，村级集体经济薄弱，绝大多数农户主要因病致贫、因灾致贫、因缺乏劳动能力致贫。其中因病致贫的农户大概占55%，因缺乏劳动能力致贫的农户大概占30%，而缺乏劳动能力，很难通过自身努力脱贫。因此，井冈山市是一个典型的贫困地区。

二、脱贫过程

脱贫攻坚以来，井冈山市时刻牢记习近平总书记"井冈山要在脱贫攻坚中作示范、带好头"的殷切嘱托，大力弘扬跨越时空的井冈山精神，紧紧围绕"精准、落实、可持续"和"抓实抓细，经得起检验"的要求，把脱贫攻坚作为一号工程和重大政治任务来抓。从时间脉络来看，主要分为以下四个阶段。

第一，动员部署阶段（2015年5月上旬）。2015年5月前，以乡（镇、场）、村居为主，开展贫困对象调查摸底工作。按照"一访、二榜、三会、四议、五核"的精准识别方式，识别出贫困人口。2015年5月，井冈山市召开全山"党员干部进村户、精准扶贫大会战"动员大会，举行启动仪式，建立健全工作制度、奖惩办法、实施细则。

第二，组织实施阶段（2015年5月至2016年底）。按照井冈山市扶贫工作的总体部署，特别是习近平总书记亲临井冈山调研视察后，井冈山市全体人民时刻不忘"要在脱贫攻坚中作示范、带好头"的殷切嘱托，积极开展"六大"帮扶，做到一乡一计划、一村一对策、一户一方法，不断提高脱贫攻坚工作的精准性、精细化。同时建立贫困户退出机制，对"红卡户""蓝卡户"实行动态管理，每两年核定一次，为打好歼灭战奠定基础。

第三，评估摘帽阶段（2016年底至2017年2月）。2016年底，国务院扶贫办委托第三方评估，井冈山市贫困发生率为1.60%，群众满意度为99.08%。2017年2月26日，井冈山市正式宣布脱贫"摘帽"，是在全国832个贫困县中第一个宣布脱贫"摘帽"的贫困县（市）。这份成绩是向长眠在井冈红土圣地上4万8千名革命先烈的最好告慰，是向老区人民兑现的庄严承诺，更是向习近平总书记交出的时代答卷。井冈山市以改革思维和创新办法推进精准脱贫的工作法，被评为 2017 年中国改革年度十大典型案例。

第四，巩固提升阶段（2017 年 2 月至 2020 年）。井冈山坚持"率先脱贫、率先小康"的"两个率先"目标，明确"产业为根、立志为本、机制为要、党建为基"总体思路，深入推进脱贫攻坚，不断巩固提升脱贫成效。坚持普惠政策和特惠政策、持续输血与稳定造血、能力开发与兜底保障、巩固脱贫与防止返贫相结合。党的十九大以后，井冈山市以乡村振兴为契机，以"巩固脱贫成果"为抓手，立足市情农情，大力推进产业振兴、环境美化、文化复兴等，促进乡村振兴，推动农业全面升级、农村全面进步、农民全面发展，奋力谱写新时代乡村全面振兴的井冈山新篇章。

第二节　井冈山脱贫发展的巨大成就

脱贫攻坚以来，井冈山市始终牢记习近平总书记"在全面小康的进程中，决不让一个贫困群众掉队"的重要指示和"井冈山要在脱贫攻坚中作示范、带好头"的殷切嘱托，从精准扶贫到巩固提升再到乡村振兴，坚持改革思维，采取创新举措，持续推进脱贫攻坚工作，脱贫发展取得巨大成就。

一、直接减贫成效：落实精准扶贫，实现"两不愁三保障"

井冈山市脱贫发展取得巨大成效，最直接体现在贫困主要指标、社会保障和基本生存发展条件等方面。

其一，贫困人口持续减少，贫困发生率不断下降，人均纯收入年年增长。截至 2019 年底，贫困人口由 2013 年的 16934 人降至 2019 年的 86 人（参见图 1）；贫困发生率由 13.8% 降至 0.06%，年均减幅达 2.29%，低于同期江西省贫困发生率（参见图 2）；贫困户人均纯收入由 2600 元增长到 10754 元，年均增幅达 32.55%（参见表 1）；2020 年脱贫 27 户 86 人，贫困发生率为 0%，贫困户人均纯收入达 12576 元。贫困村由 2014 年初的 44 个到 2017 年底全部退出。

表 1　江西省和井冈山市贫困数据对比表

	贫困人口（人）		贫困发生率（%）	
	2013 年	2019 年	2013 年	2019 年
江西省	3460000	96000	9.21	0.27
井冈山市	16934	86	13.8	0.06

（单位：户；人）

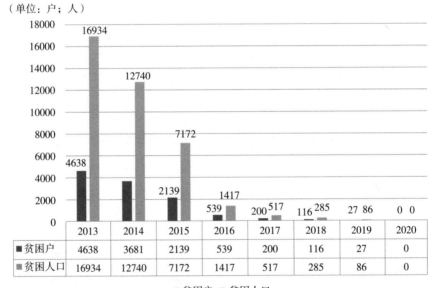

	2013	2014	2015	2016	2017	2018	2019	2020
贫困户	4638	3681	2139	539	200	116	27	0
贫困人口	16934	12740	7172	1417	517	285	86	0

■ 贫困户　■ 贫困人口

图 1　井冈山市贫困人口变化图

其二，通过政策叠加，贫困户实现"两不愁三保障"。在医疗方面，井冈山市在原有基础上扩面提标，推进贫困线和低保线"双线融合"，贫困户医疗报销比例增至 90%，实现了贫困村卫生室、卫生服务全覆盖。在住房方面，维修拆除危旧土坯房 6718 栋、新建 1802 栋，共完成移民搬迁 1292户 5637 人。通过全面排查"回头看"，彻底解决住房难的问题。在教育方面，

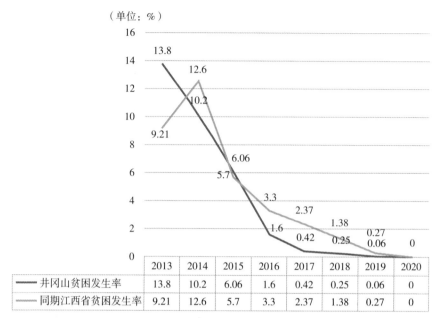

（单位：%）

	2013	2014	2015	2016	2017	2018	2019	2020
井冈山贫困发生率	13.8	10.2	6.06	1.6	0.42	0.25	0.06	0
同期江西省贫困发生率	9.21	12.6	5.7	3.3	2.37	1.38	0.27	0

—— 井冈山贫困发生率　　—— 同期江西省贫困发生率

图2　井冈山市贫困发生率变化对比图

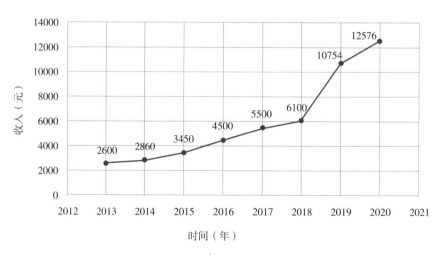

图3　井冈山市贫困户人均纯收入变化图

实行贫困户子女从学前到大学一揽子减免、补助政策，资助贫困子女4046
人。按照"不落一生"的原则，逐步提高补助标准，让所有孩子都能上得起学并感恩社会帮扶。"我一定好好利用伯伯寄来的电脑，用它来查资料和解决一些学习上的难题。考上大学不仅是父母的梦想，也是我的梦想，为了这个梦想，我会努力前行，不仅仅是为了父母和伯伯，更是为了我自己……"被资助学生在收到资助人电脑后的回信中写道。在饮水方面，通过加大资金投入，完善基础设施建设，全面保障了饮水安全。截至2020年，井冈山市累计投资4.7亿元，基本解决了全市农村安全饮水问题。

其三，农村基础设施建设和公共服务供给水平显著提升。井冈山市通过积极争取地方政府债券资金9404万元和政策性银行贷款10.63亿元用于脱贫攻坚基础设施建设，其中用于农村公路项目1.937亿元，农村安全饮水项目4.7亿元，美丽乡村建设资金1亿元，贫困村基础设施建设2.7亿元。修建农村公路总里程达739.524公里，符合条件的建制村通客车率100%，通客车建制村2公里范围内候车亭覆盖率达100%。在村组道路、入户道路硬化、饮水工程、污水垃圾处理、绿化美化环境改善方面持续发力，全面完成了563个自然村的美丽乡村建设。全市群众实现了走平坦路、喝干净水、上卫生厕、住安全房的美好愿景，这为实现巩固拓展脱贫攻坚成果同乡村振兴有效衔接打下了坚实的基础。

二、间接社会影响：构建脱贫发展长效机制，推动经济社会发展

井冈山脱贫发展取得巨大成效，除直接减贫成效外，还推动了经济社会持续发展。井冈山通过产业增收、发展，构建脱贫长效机制，确保实现"红色最红、绿色最绿、脱贫最好"目标。

其一，聚焦富民产业，建立产业增收长效机制，实现收入上的可持续。推行"四个一"产业模式，大力发展"231"茶竹果富民产业，让"资金跟着穷人走、穷人跟着能人走、能人跟着产业走、产业跟着市场走"。同时，积极拓宽销售渠道，解决销路问题，确保家家有一个致富产业，户户有一份

稳定的产业收入。市政府每年对发展"231"富民产业实行"普惠＋重点"的差异化产业奖补政策，对一般农户和建档立卡贫困户实施差异化奖补，奖补政策重点向自主发展产业贫困户及吸纳贫困户入股或务工的合作社倾斜。贫困户种植茶叶每亩奖补1200元，非贫困户需种植50亩以上，每亩奖补800元。2017年以来，全市每年实施毛竹低改面积超过1.3万亩。新城镇排头村村民谢樟峰借助政府力量兴办家庭农场，开"农家乐"，仅"农家乐"一项收入就有5万多，扶贫干部笑着夸他："你这个年轻人，可以算是'金卡户'了。"通过富民产业的发展提升了贫困户产业增收、脱贫致富的能力，实现贫困户了收入持续增长。

其二，聚焦"全域旅游、全景井冈"发展理念，做大旅游经济。一是井冈山市深入挖掘红色文化资源，开发红色旅游产品，创新推出大型实景演出《井冈山》项目，吸引附近村民参与，仅此一台戏，就让600多名农民年人均增收7000余元。二是依托中国井冈山干部学院、全国青少年井冈山革命传统教育基地、江西干部学院、井冈山干部教育学院等培训机构，创造性地推出集培训、参与、体验为一体的红色培训"井冈模式"，带动近千名贫困群众参与红色培训服务，年人均增收6000余元。三是探索旅游发展新业态、新模式。其中，休闲村庄24家，农家乐、民宿旅馆6家，国家金牌农家乐8家，户均年收入超过10万元。到2018年底，井冈山市完成了161个美丽乡村基础点，4条美丽乡村示范带，10个美丽乡村精品点建设，发展乡村旅游经营主体（休闲农庄、农家乐、民宿）318家。以此带动近3000户贫困户参与旅游扶贫产业，户均增收1.2万元。2019年，累计建成民宿点22个，接待床位达6000余张，全年接待游客1932.14万人次，实现旅游收入160.3亿元。截至2020年7月，井冈山市打造出了1个5A级、7个4A级、3个3A级乡村旅游点及上古田村、长路村等一批乡村旅游（研学）精品点。

其三，聚焦文化软实力，改善贫困人口精神风貌，鼓足脱贫干劲。一是打造阵地。让群众成为了脱贫主体。所有乡镇实现了综合文化站、村级文体活动中心全覆盖，建立了一批"红色讲习所""乡村大讲堂"等活动场所，通过吸引群众参与，改善了贫困人口的精神风貌，激发了群众脱贫致富的精气神。"自从村里安排我到红色讲习所学习，我不仅学了党的十九大精神、井冈山红色故事、脱贫先进人物，还学到了黄桃种植技术，包括嫁接、施肥、果园管理等。"茅坪村贫困户朱秋芳高兴地说道。掌握技术的她，工资涨了不少，生活越过越好，并建起了新居，脱贫致富劲头越来越足。同时，在各个乡镇建成面积不低于300平方米、达到"三室一厅"标准的综合文化站，配备专（兼）职工作人员；在全市各行政村建成了面积不低于80平方米的文化室，形成村级文体活动中心。在乡镇文化站、农家书屋的图书配备上，重点配备一些与农民生产生活息息相关的政策法律、农业科技等方面的图书，确保每个乡镇文化站最少配备图书5000册、每个农家书屋配备图书2000册以上。二是送好文化。每年平均开展各级各类"送戏下乡"文艺演出达160余场，组织乡镇自办文体活动124场，送电影近1800余场。对一些偏远山区，通过开展广播电视"户户通"工程，向贫困农户发送卫星电视接收设备1700余套。同时，保障每个村每年可观看一场戏，每月可观看一场电影。三是组织参与。每年举办广场舞大赛、群众文艺汇演等文化演出活动，参赛的农民演员达1200余人，从预赛到决赛观众达3万余人次。正如2018年全国脱贫攻坚奖奋进奖获得者彭夏英所说："党和政府只能扶持我们，不能抚养我们。"通过鼓励群众充分参与，改善贫困人口的精神风貌，激发群众脱贫致富奔小康的精气神。

三、重大溢出效应：锻造干部群众，提升基层治理能力

脱贫攻坚推动国家治理能力的大幅提升，农村治理由粗放迈向精准。通过脱贫攻坚工程，大力锻造了干部队伍，密切联系基层群众，改善了干部、群众的精神面貌。同时，井冈山市以乡村振兴战略为契机，以"巩固脱贫成

果"为抓手，立足市情农情，推动农业全面升级、农村全面进步、农民全面发展，不断提升基层治理体系和治理能力现代化。

其一，大力锻造干部队伍，密切联系基层群众。一是建强了基层党组织，提升了战斗力。把党组织建在产业合作社、致富产业链上，实现组织建设的全覆盖。推进资源要素向基层倾斜，每个乡镇增加 30 万、每个村增加 3 万转移支付经费，帮助基层党组织实现自我发展提升，帮助群众解决技术、资金、信息等问题。二是加强了"三农"和扶贫干部队伍的培养、配备、管理和使用，把到农村一线锻炼作为培养干部的主要途径，选派了一批精通"三农"工作、热爱"三农、扶贫"工作的干部进市乡党政领导班子，全市广大"三农、扶贫"工作干部务实开展调查研究，准确把握发展新形势、新特点、新要求。2018 年共举办各级各类农村党员培训班 52 期 2380 人次。三是党员、干部联系服务群众。通过民情家访、结对帮扶、矛盾调处和办好实事四项工作，根据基层实际和群众需要，发挥部门优势，利用节省下来的"三公"经费，推动解决服务群众"最后一公里"问题，以实际行动取信于民。新城镇排头村第一书记罗军元和村民的关系处理得很好，村民开玩笑称："刚来的时候，穿着衬衫，白白净净，一看就是城里来的。现在皮肤黑黑的，和农民没两样。"更有村民说："你就别走了，留在我们村吧！"那份真情，正是党员干部密切联系基层群众的真实写照。

其二，推进乡村振兴战略，实现基层治理现代化。一是推行"三治"融合，淳化乡风民风。健全村民自治机制，加强村民理事会、红白理事会等各类群众性自治组织建设，引导农民实现自我管理。深入开展农村法治宣传教育，提高农村基层干部群众的法治观念和法治素养，引导其尊法学法守法用法。实施乡村德治工程，广泛开展支部好声音、身边好党员、最美脱贫人、好儿女、好儿媳、好妯娌、好公婆、好邻居等评选表彰活动，开展寻找最美乡村教师、医生、村官、家庭等活动，发挥模范榜样的示范带动作用。二是推动"平安"创建，提升民众安全感。健全乡村综治中心功能和运行机制，重点推进乡镇综治中心视联网建设，2018 年实现乡镇视联网全覆盖。深入开展扫黑除恶专项斗争，严厉打击农村黑恶势力、宗族恶势力，依法打击和惩治黄赌毒盗拐骗等违法犯罪活动。推进农村"雪亮工程"建设，完善农村薄弱地区公共区域监控系统，将综治责任单位挂点帮扶农村视频监控系统建设作为综治工作目标考评重要指标。三是加强社会基层治理。社会治理重心落实到城乡社区、农村基层，推动资源、服务、管理向基层倾斜。通过基层治理信息化建设，全力开展综治中心、综治信息化、网格化管理"三项建设"。

第三节　研究背景和框架

一、研究背景

党的十八大以来，习近平总书记站在全面建成小康社会、实现中华民族伟大复兴中国梦的战略高度以及人类减贫事业的历史高度，精心谋划脱贫攻坚工作，坚持把脱贫攻坚工作纳入"五位一体"总体布局和"四个全面"战略布局中，就如期全面打赢脱贫攻坚战作出了一系列新决策和新部署。党的十九大明确把精准脱贫作为决胜全面建成小康社会必须打好的三大攻坚战之一。党的二十大进一步强调巩固发展脱贫攻坚成果，增强脱贫地区和脱贫群众的内生发展动力。近五年的脱贫攻坚、近八年的精准扶贫，新时代波澜壮阔的脱贫攻坚实践取得了辉煌的减贫成就，不仅创造了历史上最好的减贫成绩，使得中华民族千百年来的绝对贫困问题得到历史性解决，而且加快了贫困地区经济社会发展进程，提升了贫困治理能力，同时还构建了中国特色脱贫攻坚制度体系。新时代的脱贫攻坚，不仅将在共和国的发展史上具有里程碑意义，而且会在中国的治国理政史上留下浓墨重彩的一笔。

井冈山市作为率先脱贫摘帽的县（市），深入贯彻落实习近平总书记关于扶贫工作的重要论述，在中央、省、市的大力支持下，按照"抓严抓细，经得起检验"的总体要求，努力实现"保障措施、实际收入、长效机制"三个到位。作为革命老区、边远山区、集中连片特困地区的井冈山市于2017年2月26日正式宣布退出贫困县，成为当时我国832个国家贫困县中率先脱贫摘帽的贫困县市之一。井冈山市在全国率先脱贫"摘帽"，是习近平总书记关于扶贫工作的重要论述在井冈山的生动实践，是习近平新时代中国特色社会主义思想在井冈山落地生根、开花结果的体现。对其成功经验和启示进行深入调研和深度总结，既是现实的内在需要，也具有历史意义和时代价值。对井冈山市脱贫攻坚案例的深度总结，将进一步提升其脱贫攻坚案例的典型性和质量，更好地为中央层面的全面总结提供鲜活的案例支撑，为各地各部门分门别类地开展总结提供指导和示范，为脱贫攻坚的宣传和对外交流提供生动素材，为讲好中国脱贫攻坚故事提供实证基础。同时，将更全面展示中国共产党决战脱贫攻坚、决胜全面小康的坚定决心和历史担当，彰显中国共产党的政治优势和社会主义制度优势，呈现马克思主义反贫困理论中国化的生动实践，为全球减贫事业贡献中国智慧提供中国方案。

二、研究框架

本书以习近平总书记精准扶贫精准脱贫方略的井冈山实践为研究主线，以党的十九届五中全会精神为指引，全面呈现江西井冈山市以脱贫攻坚统揽经济社会发展全局，决战决胜脱贫攻坚和全面建成小康社会的过程、做法、成就、经验与启示。通过对井冈山市脱贫攻坚中形成的"三卡"精准识别体系、"红绿相映"发展模式、"合力攻坚"帮扶资源、"兜底+保障"提升拓展和乡村建设有效衔接五部分进行深度总结，形成井冈山脱贫发展的基本经验。并以实现巩固拓展脱贫攻坚成果同乡村振兴有效衔接为指向，展望今后民生福祉和农村发展领域的基本走向并提出政策思考（本书的基本框架见图4）。

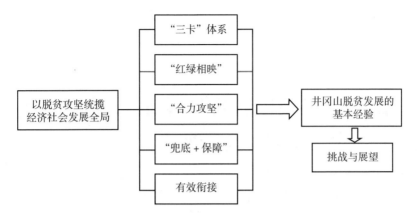

图 4　江西井冈山市案例总结研究框架

第一章　"全山联动"：以脱贫攻坚统揽
经济社会发展全局

2015年11月，习近平总书记在中央扶贫开发工作会议上强调："脱贫攻坚任务重的地区党委和政府要把脱贫攻坚作为'十三五'期间头等大事和第一民生工程来抓，坚持以脱贫攻坚统揽经济社会发展全局。"井冈山市坚持党建引领，践行中国共产党的初心使命，开启了老区人民脱贫致富奔小康新征程。坚持多方协同，统筹推进脱贫攻坚，构建了左右联动、上下齐攻坚的新格局；坚持规划统领，总体布局县域脱贫、发展和治理，实现了脱贫攻坚与县域发展的有机结合。

第一节　党建引领与践行中国共产党的初心使命

精准扶贫工作实施以来，井冈山市坚持党建为先，解决方向上的可持续。井冈山市坚持党建引领，做到强基固本、夯实基础，践行共产党人的初心使命，不断发挥党的政治引领功能和服务功能，注重人才队伍建设，建强基层组织；注重创新帮扶机制，提升脱贫效力；化解发展困局，密切干群关系。将党的政治优势、组织优势转化为扶贫优势、发展优势，使脱贫攻坚不断提质增效。

一、选优人员配备，建强基层组织

在精准扶贫精准脱贫过程中，资金、政策、项目等要素落地的关键在人，贫困地区尤其是深度贫困地区人才短缺、人才外流的问题十分突出，因此唯有补齐贫困地区人才短板，加强人才队伍建设，才能实现贫困地区精准脱贫，增强贫困人口发展内生动力。在精准扶贫过程中，井冈山市注重人才队伍建设，着力选优配强第一书记，培养有活力、有能力的党员干部队伍。同时，注重"把乡土人才中的优秀人才培养成党员，把党员中的乡土人才培养成致富能人，把致富能人中的乡土人才培养成村组干部"，以党员"先走"带动群众"一起走"，带领群众脱贫致富奔小康。

首先，选优配强第一书记。第一书记在脱贫攻坚中具有统筹、示范、引导、联络的作用，第一书记开展工作的好坏，直接决定精准扶贫工作的成效，因此选优配强第一书记对打赢脱贫攻坚战意义重大。具体而言，坚持从优选派，井冈山市严格遵循"三优先""六不派"。按照能力强、作风正、肯吃苦、善于做群众工作的要求，选派 124 名第一书记到村工作。注重能力培训。在任职前，以思想教育为重点，通过多种形式的心理辅导，不断增强扎根农村、建功立业的信心。在任职后，每年要定期组织专门培训，组织学习农村政策、农村法律法规、村务管理和乡情村情等方面的知识，不断使第一书记适应和转换角色。注重责任落实。建立帮扶台账，制定帮扶规划，细化工作措施，帮助协调落实发展资金，争取帮扶项目，发展特色优势产业，引领贫困村加快发展，带动贫困户增收脱贫。加强第一书记队伍管理。井冈山市出台《第一书记管理办法》《工作细则》和《第一书记半月工作清单管理制度》等工作细则，把脱贫攻坚工作成效作为考核的主要内容，完善考核评价体系，确保党建扶贫工作落到实处。让第一书记在基层扎好根、立好身，助力农村基层党组织强基固本、加强基层党组织建设，打好脱贫攻坚战。

其次，强化干部队伍建设。在脱贫攻坚战场上，党员干部需要发挥帮扶主体、先锋模范作用，同时，党员干部在脱贫攻坚实战中能够得到锻炼培养。井冈山市在村党组织书记队伍建设上，选优配强一支政治素质高、服务能力强、带富能力好、有活力的村级干部队伍。建立基层党组织书记信息库，通过"选、聘、派"等途径，不断拓宽村党组织书记选拔渠道，储备村级后备干部682名。探索村干部职业化管理，出台《关于激励村干部新时代担当作为"二十条"实施意见》和推出"'三最'红旗村"争创，有效激发村干部干事创业热情。同时，着力壮大组织力量，强化村干部队伍建设，具体体现在：夯实队伍基础。注重从回乡知识青年、复员退伍军人和外出务工返乡的优秀青年农民中选拔村级组织骨干和发展新党员，加大村级后备干部的培养力度，按照现有村干部1：1比例培养村级后备干部，不断为村级组织注入新的活力。强化队伍建设。依托农村党员干部远程教育站点等教育培训阵地，有针对性地对村党员干部开展精准扶贫知识的学习教育，不断提高带头致富和带领群众共同致富的本领。发挥队伍作用。通过党员"1+1"形式扎实开展党员结对活动，从扶贫、扶志、扶智入手，在发展生产、安排就业、谋求致富等方面为群众服务。同时，吸引了90多位致富能手进入村两委班子，打造出了一支"不走的扶贫工作队"。

最后，盘活用好实用人才。人才资源是贫困地区实现精准脱贫的重要支撑。井冈山市为盘活用好农村实用人才，其一，建立农村实用人才库。按照种植、养殖等类别，全面登记现有的农村实用人才年龄、技术等信息，并按照井冈山市特色产业和规模，分类组建农村实用人才库，对纳入农村实用人才库的人才实行动态管理。其二，注重实用人才技术培训。扎实开展农村实用人才培养，充分发挥农函大和远程教育的作用，切实做好农村实用人才技术、职业技能和创业培训，抓好农村剩余劳动力转移培训和农村专业经济协会、龙头企业、农村经纪人队伍的培训。其三，合理使用农村实用人才。在精准扶贫工作中充分发挥"土专家""田秀才"的技术和资源优势，定期开展为群众讲解产业知识、传授产业技术活动，探索和发展"支部＋协会＋能人""支部＋基地＋能人＋企业"等产业发展模式。其四，培育"领头雁"。坚持示范带动，培养致富能人，树立行业标兵，共培育致富"领头雁"51 人，形成了"能人做示范，村民跟着干"的生动局面，为实现乡村振兴注入"源头活水"。

二、创新帮扶机制，提升脱贫效力

精准帮扶是精准扶贫的关键。在以政府为主导的扶贫开发事业下，党员干部仍是帮扶主体。在精准扶贫过程中，帮扶干部从国家精准扶贫政策、村情、户情出发，针对性地帮助贫困户理清发展思路，制定符合发展实际的扶贫规划，实现贫困户精准脱贫。井冈山市坚持精确帮扶，建立"321"帮扶机制；开拓创新，把支部建在产业链上。井冈山市立足实际，不断创新帮扶机制，提升帮扶成效，呈现出干群奋进，共赴全面小康的生动画面。

第一，建立"321"帮扶机制。为有效解决帮扶力量不足的问题，井冈山市按照统一安排，继续做好帮扶工作，制定一套巩固计划、落实一笔帮扶资金、实施一批利民工程，创新建立 321 帮扶责任机制，即县处级以上领导干部帮扶 3 户贫困户、科级干部帮扶 2 户贫困户、一般党员干部帮扶 1 户贫困户。组织井冈山市 3000 名党员干部按照"321"帮扶机制与 4456 户贫困户结对进行帮扶，实现户户都有帮扶责任人，建立常态化帮扶机制。"321"帮扶机制在帮扶时间上，要求驻村工作队每月至少到村开展 4 次帮扶工作，第一书记每个月至少到村工作 10 天，帮扶干部每个月至少走访帮扶对象 4 次。在帮扶内容上，要求每名帮扶干部都制作结对帮扶工作牌，并张贴到户，使每名帮扶党员干部有标识、认得出，贫困群众不脱贫，帮扶不脱钩。助推加快贫困村集体经济发展、提高贫困户生产生活条件、帮助贫困户解决实际困难，让贫困户切实感受到脱贫不脱政策。无论是拆除危旧土坯房、建设美丽乡村，还是消灭撂荒地、发展扶贫产业，帮扶干部总是带头冲在一线，带领贫困群众一块苦、一块干，在脱贫大考中经受考验。

第二，建立"支部共建"帮扶机制。井冈山市开展"百个支部结对共建"活动，发挥不同党支部之间的专业优势，创新党建工作的载体，实现基层党组织与机关党组织的优势互补。井冈山市125个机关党组织与106个行政村党组织结对共建，有效推进整合党建资源，实现组织力量的帮扶对接。"支部共建"活动坚持上下联动、全面共建；资源共享、优势互补；结合实际、注重实效的原则。通过支部阵地共建、党员人才共育、组织生活共开、集体经济共抓、困难群众共帮等形式，做到帮助建强基层组织，扶持好一批党员致富能人；帮助理清发展思路，扶持发展好一个产业；帮助改善民生，扶持建设好一批基础设施；帮助构建和谐农村，扶持调解好一批矛盾纠纷；帮助提高群众素质，扶持开展好一系列技能培训，以期实现班子建设好、阵地建设好、组织生活好、作用发挥好、集体经济好的"五好"目标。机关党组织每个月至少到村开展1次共建活动，帮助基层党组织实现自我发展提升，使党组织成为贫困村脱贫攻坚致富的坚强战斗堡垒，增强党组织的凝聚力、创造力和战斗力。井冈山市走出了一条"以城带乡、城乡联动"的基层党建扶贫工作新路径。

三、化解发展困局，密切干群关系

第一，"微"处发力干群连心。为增强贫困人口脱贫信心，井冈山市积极探索开展"干群心连心、点亮微心愿"活动。党员干部于"微"处精准发力，本着立足实际、力所能及，坚持"干部帮什么，群众来点题"的原则，从群众身边的小事入手，通过义务劳动、自愿捐助、购赠实物、传授技能、提供信息、心理援助等多种方式，帮助群众点亮"微心愿"，解决具体问题和困难。井冈山市484个党支部积极开展"专题调研"和"先锋行动"等一系列活动，引导全体党员深入脱贫攻坚、美丽乡村建设一线采集"微诉求"。3000余名党员干部逐户上门，交心攀谈，将收集到的"微心愿"甄别筛选，登记造册，并填写到"百姓档案"中，上传到手机版"旌旗在线"党建信息化平台上，实行认领销号制。井冈山市统筹各部门力量，主动下沉服务重心，切实把握发展短板与瓶颈，重点解决群众迫切的实际问题。一方面，探索搭建机关在职党员进农村、进社区、进企业服务微平台，另一方面，充分发挥工、青、妇和工商联等群团单位的桥梁作用，为"聚'微'筑梦"引入社会力量。同时，通过"点亮微心愿""记录微故事""宣讲微党课"等形式，树立典型，传播正能量。"干群心连心、点亮微心愿"活动丰富了党员活动日内容，提升了脱贫攻坚效果，密切了党群干群关系，有力提升了基层党组织的凝聚力和战斗力。

第二，支部建在产业链上。1927年9月，毛泽东在江西省永新县三湾村领导了著名的"三湾改编"，提出了"支部建在连上"，这一项前所未有的创举，成为了全党基层组织建设的重要原则。在精准扶贫精准脱贫中，井冈山市大力弘扬跨越时空的井冈山精神，传承优良作风，把党支部建在产业合作社、建在产业链上，让党的旗帜高高飘扬在脱贫攻坚的阵地上，确保国家的扶贫政策落实到基层，使其有了不可替代的组织架构，发挥基层党支部在脱贫攻坚中的领导核心作用。井冈山市结合脱贫攻坚实际，不断创新思路，一方面，把党组织建在扶贫产业链、移民安置区、专业合作社和龙头企业中，全市483个专业合作社及产业协会、43个移民集中安置点实现组织建设的全覆盖，提升基层组织战斗力。另一方面，积极探索发展模式，建立产业型党组织，推广"支部＋合作社＋农户""支部＋企业＋基地＋农户"等形式，通过土地、资金、劳动力入股，发展村级集体经济，带动群众增收致富，增强基层组织带动力。以渥田综合示范点为例，井冈山市探索出了"支部扶合作社、合作社促产业、产业联结农户"的机制和"532"盈余分配模式（资金入股分红50％，土地入股分红30％，村集体经济留存20％），实现了一家一户的小生产与千变万化的大市场有效对接长期受益新机制，确保农民受益的最大化、长期化，高效推进全民参股的农民专业合作社建设。

在革命时期中国共产党在红色革命老区形成了密切联系人民群众的思想作风。在新时代，共产党人不忘初心，牢记不断增进人民福祉、实现人民幸福的使命。井冈山市在精准扶贫精准脱贫的过程中，发扬革命传统，密切联系群众，以党建为引领，带领老区人民脱贫致富奔小康。

第二节　多方协同与统筹推进脱贫攻坚

在精准扶贫精准脱贫中，坚持党的领导，政府主导，多方协同，全域联动统筹推进脱贫攻坚是高效打赢脱贫攻坚战的保障。井冈山市坚持党建引领，加强组织领导，强化机制保障，构建协同高效的合力攻坚组织体系和架构。纵向上，构建"三级"书记抓脱贫体系；横向上，构建部门协同推进机制，形成了三级书记抓扶贫、党政同责促脱贫、全山上下齐攻坚的格局。

一、纵向到底："三级"书记体系建设

习近平总书记在打好精准脱贫攻坚战座谈会上指出："脱贫攻坚，加强领导是根本。必须坚持发挥各级党委总揽全局、协调各方的作用，落实脱贫攻坚一把手负责制，省市县乡村五级书记一起抓，为脱贫攻坚提供坚强政治保证。"脱贫攻坚战作为三大攻坚战之一，对全面建成小康社会、实现第一个百年奋斗目标具有决定性意义。在脱贫攻坚过程中，井冈山市牢记习近平总书记"作示范、带好头"的殷切嘱托，坚持党建引领，建立强有力的组织体系保障。

在具体层面上，井冈山市把脱贫攻坚作为第一民生工程，充分发挥党组织的领导核心作用、党员的先锋模范作用，积极号召机关干部与扶贫对象结对帮扶工作，开展"党员干部进村户、精准扶贫大会战"行动，建立市、乡（镇、场）、村（社区）三级帮扶到户工作机制。为全面落实脱贫攻坚责任机制，井冈山建立"三级"书记抓脱贫的组织架构，在县域层面，成立了脱贫

攻坚大会战指挥部，坚持"一把手"抓脱贫，由市委书记担任指挥长、市长担任第一副指挥长，指挥部下设办公室及党建、经济发展、产业发展、基础设施建设、社会事业、社会保障、驻山单位协调、考核督查等 8 个工作小组。在乡（镇、场）层面，为切实履行精准扶贫的主体责任，25 个乡（镇、场）成立相应的指挥部和工作组，并成立专人负责的扶贫工作机构，把脱贫攻坚纳入到乡（镇、场）的重要议事日程中。在村庄层面，各村要成立以村支部书记为组长的专责小组，在 126 个行政村（居）成立帮扶工作组和脱贫攻坚帮扶工作站，实现了纵向到底的脱贫攻坚组织架构。

为全面打赢打好脱贫攻坚战，井冈山市建立"三级"书记抓扶贫的组织体系，建立了领导挂点、干部包户、各级党政主要领导负总责的工作机制，确保挂点领导、包户干部、结对党员把帮扶工作落到实处、富有成效。井冈山市形成了层层抓落实的工作格局，构建了纵向到底责任制的贫困治理格局，让精准扶贫精准脱贫方略切实在基层落地，扶贫政策真正造福贫困户。井冈山市脱贫攻坚的瞩目成就得益于强有力的组织保障，充分彰显了中国共产党领导的组织优势和政治优势。

二、横向到边：建立部门协同推进机制

贫困的产生是多维因素叠加的结果，中国新时代的扶贫开发方略在识别、帮扶、管理方面更加注重精确化、精准化，贫困治理需要更加多元化、多样化。随着精准扶贫精准脱贫方略的推进，部门协同机制的深度、广度需要不断强化。井冈山市立足扶贫开发事业，推进精准扶贫体制机制创新，建立部门协同机制。

首先，建立指挥部领导下的协调机制。井冈山市依托脱贫攻坚指挥部，下设不同小组，精准对接协调扶贫各项事业。以产业发展组为例，其主要职责：一是引导和帮助贫困户从小农经济向规模、优势、高效产业转移，力争60%以上的扶贫开发户参与全山主导产业的发展；二是建立乡镇、贫困村两

级扶持贫困户参与产业发展的贷款担保机制。在指挥部的统一领导协调下，以市委农工部、市扶贫办、市农业农村局、市财政局等责任单位左右联动、合力推进产业发展，建立"231"特色产业富民工程。脱贫攻坚作为综合性工程，不仅需要扶贫部门协调统筹，更需要其他部门发挥职能优势。井冈山市立足十大扶贫工程，为脱贫攻坚提供体制机制保障。

其次，建立"双联系双服务"制度，推进精准扶贫工作进程。在精准扶贫过程中，各部门结合其职能和业务工作建立各类联系服务点。相应成立的各类帮扶工作组统一作为"双联系双服务"小组（"连心"小分队），由班子成员任组长，党员、干部为组员，开展经常性联系服务工作。在具体内容上，一是机关联系服务基层，重点做好"四帮"，即帮扶基层发展、帮抓文明建设、帮建规范机制、帮强基层组织；二是党员、干部联系服务群众，重点做好四项工作，即民情家访、结对帮扶、矛盾调处、办好实事。"双联系双服务"机制搭起了机关与基层、党员干部与群众的桥梁，让各部门深入基层和群众，把脱贫攻坚工作做实、做细。

最后，建立五个全覆盖机制，即实现各级领导挂点、机关干部包户、第一书记驻村、农村党员结对、技术人员指导全覆盖。实现"乡乡都有扶贫团、村村都有帮扶队，户户都有帮扶责任人"。井冈山市共安排139个单位开展驻村帮扶，选派驻村第一书记122人，3690名党员、干部结对帮扶贫困户，定点帮扶投入资金1867万元，实现了井冈山市党员干部参与脱贫攻坚全覆盖，推进脱贫攻坚责任落实、政策落实、工作落实。井冈山市脱贫攻坚战取得的显著成效是部门协同合力攻坚的结果，也是中国共产党领导下贫困治理体制机制不断创新实践的结果。

中国共产党的领导，是中国特色社会主义减贫道路最突出的政治优势。中国共产党的领导有利于在脱贫攻坚过程中统筹全局、协调各方，有利于资源和人力的调度与合理使用，通过加强党对扶贫开发事业的领导，脱贫攻坚有了强有力的领导体系和组织保障。特别是通过加强党对扶贫开发工作的领

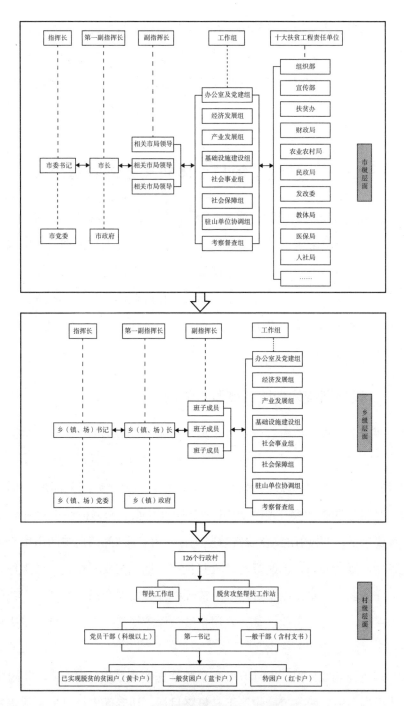

图1—1 井冈山市精准扶贫组织构架图

导，各级党委各级政府、各部门、社会各界对脱贫攻坚的认识水平和政治站位有了极大提升。井冈山市坚持党的领导、政府主导、部门联动，形成尽锐出战、高效协同的攻坚态势，为率先脱贫"摘帽"奠定了政治基础、提供了组织保障。

第三节　规划统领与总体布局县域脱贫发展

井冈山市坚持规划统领，将脱贫攻坚摆在县域发展和治理的突出位置。实现脱贫攻坚与县域经济社会发展相结合。从县域发展和治理的维度来统领脱贫攻坚，注重脱贫攻坚与县域发展和治理整体工作之间的联动性、互促性与融合性。在脱贫攻坚中，井冈山市通过优化产业体系布局、推进公共服务均等化、加强基础设施建设等形式助推县域经济社会发展，实现脱贫攻坚与县域发展、治理有机结合。

一、以规划统领指明县域脱贫方向

井冈山市是中国革命摇篮，也是集革命老区、边远山区、贫困地区"三区叠加"的贫困县。精准扶贫精准脱贫以来，井冈山市提高政治站位，坚持规划引领，形成共识，以"宁肯少上项目，也要打好攻坚战"的决心和毅力，全力以赴推进脱贫攻坚工作。2016年2月，习近平总书记在视察井冈山时作出重要指示，"井冈山要在脱贫攻坚中作示范、带好头"。井冈山市牢记总书记嘱托，万众一心，迅速行动，攻坚克难，把脱贫攻坚作为一号工程和重大政治任务来抓，坚持以脱贫攻坚统揽经济社会发展全局，以"十大扶贫工程"为抓手，突出"产业扶贫、安居扶贫、保障扶贫"三大重点，坚决兑现在全省率先脱贫的庄严承诺。

2017年2月26日，井冈山市在全国率先实现脱贫"摘帽"。井冈山市深刻认识到，率先脱贫"摘帽"不是最终目标，让老区人民过上更加美好的生活，才是奋斗目标。为此，井冈山市全面贯彻落实"核心是精准、关键在落实、确保可持续"方针，按照"整合上级资金力度不减，争取社会支持力度不减，本级财政投入力度不减，党员干部帮扶力度不减"的原则，坚持普惠政策和特惠政策、持续输血与稳定造血、能力开发与兜底保障、巩固脱贫与防止返贫相结合，全力推进脱贫攻坚巩固提升工作。同时，继续按照"产业为根、立志为本、机制为要、党建为基"总体思路，深入推进"产业增收、能力提升、兜底保障、党建引领"四个全覆盖机制，确保收入上的可持续、精神上的可持续、保障上的可持续、力量上的可持续，做到"三个同步"，即推进产业富民，实现群众与集体同步增收；推进环境提升，实现庭院与村庄同步美丽；推进志智双扶，实现家风与乡风同步文明。井冈山市以"红色最红、绿色最绿、脱贫最好，经济社会高质量跨越发展"的"三最一跨"为奋斗目标，牢记使命，感恩奋进，努力为革命老区高质量发展探索经验作出示范。

精准扶贫精准脱贫以来，井冈山市在脱贫攻坚大会战指挥部的带领下，注重规划统领，全山联动、合力推进脱贫攻坚事业，保障中央省市各项脱贫部署政策真正在井冈山创新性地落实落地。同时，在脱贫攻坚的统领下，井冈山市社会经济事业取得显著发展，推动县域治理体系和治理能力的现代化。

二、以产业体系筑牢县域发展根基

脱贫攻坚产业为基，产业扶贫仍是贫困地区最主要的帮扶形式。同时，产业发展关系县域发展，构建特色鲜明的现代化产业体系是县域经济的支撑，也是县域发展的"脊梁"，能够有效推进县域高质量发展。井冈山市坚持创优特色农业、探索发展工业、做强旅游产业，实现一二三产业高效融合发展，夯实县域发展根基。

在特色农业方面，井冈山市立足实际，按照开放型的思维、工业化的理念、市场化的运作、合作化的形式推进农业产业发展，加快发展现代农业，提高农村发展活力，提升农业产业化经营总体水平，重点围绕茶叶、毛竹、果业三大主导产业打造"231"富民产业工程，并持续将其向规模化、生态化、品牌化发展，创新模式业态。深入挖掘农业的生态价值、休闲价值、文化价值，大力发展乡村旅游、民宿经济、文创农业等新模式，不断拓展农业功能、促进农民增收。

在工业发展方面，井冈山市积极探索工业"新定位"，强力推进"一园三区"建设，加速推进电子信息、食品加工、竹木加工、陶瓷创意等"四大产业"集聚发展。另外，以加工业为引领，带动农产品生产、加工、销售及休闲农业、乡村旅游等相关服务业的联动发展，促进农村一二三产业深度互动、融合发展。做强做大农业龙头企业，鼓励龙头企业实施农产品深加工，推进农业龙头企业、农民合作社、家庭农场等新型农业经营主体规范化建设。

在第三产业发展方面，井冈山市按照"全域旅游、全景井冈"的发展理念，坚守绿色底色，发展绿色经济，做大旅游经济。井冈山市深入推进"旅游+"、"茨坪+"行动计划、"1+6"特色小镇建设，厚植红色文化资源，加大红色资源深度整合，强化区域红色资源辐射。井冈山市按照高质量发展的要求，践行"绿水青山就是金山银山"的新发展理念，坚持"红色引领、绿色崛起"，以绿色为导向，不断培植产业发展新动能，把美丽风光转化为美丽经济，努力打造生态文明示范区，探索一批新业态新模式。

产业兴，则县域兴。产业是县域经济发展的主要支撑，为县域高质量发展提供强劲动力。在脱贫攻坚中各地坚持产业扶贫、产业带贫，同时产业布局应立足县情，发挥优势，突出特色，走生态化、高端化、规模化、差异化发展之路，真正筑牢县域高质量发展、可持续发展的根基，增强县域经济发展活力、动力。

三、以公共服务提升县域治理水平

公共服务关系百姓生活，是涉及广大群众切身利益的重大民生问题。补齐公共服务短板，推进公共服务的均等化建设，完善基本公共服务体系，可以缩小城乡差距、贫困村与非贫困村的差距，促进地区实现均衡发展、高质量发展。脱贫攻坚以来，井冈山市建立完善公共服务体系，努力推进基本公共服务均等化、规范化、效能化，破解发展瓶颈，解决县域整体性贫困难题。

具体来说，井冈山市坚持做到财力优先向民生集中，加强社会保障，建立全方位的就业、救助、住房等保障体系，大力推进城镇群众脱贫解困工作，确保全覆盖、保基本、多层次、可持续。推进共建共享，合理均衡配置教育、卫生、文化等公共服务资源。一是继续强化教育网点建设，培育呵护优质生源，提升教育教学质量；二是深化医联体建设、医共体改革，创新管理模式，整合医疗资源，提高医疗质量。井冈山市推进教育扶贫全扩面、推进健康扶贫全升级、推进安居扶贫全改造、推进兜底保障全面筑牢。

井冈山市推动城乡基础设施和基本公共服务共建共享、互联互通，实施农村饮水安全巩固提升工程，推进城乡供水一体化和农村自来水工程建设。推进新一轮农网改造升级工程建设，健全覆盖城乡的公共就业服务体系，实施农民工职业技能提升计划，开展返乡创业扶持行动，引导返乡农民工创业创新。完善城乡统一的居民基本医疗保险制度和大病保险制度，健全城乡居民基本养老保险制度，建立被征地农民参加养老保险常态化工作机制，全面放开养老服务市场。完善基层卫生服务网络，加强乡村医生队伍建设，保障乡村医生合理待遇，提升基层医疗服务能力。启动实施城乡义务教育均衡发展攻坚工程，全面改善农村义务教育薄弱学校基本办学条件，扩大农村优质教育资源覆盖面，引导人才向农村学校、薄弱学校流动，实施农村义务教育学生营养改善计划。

在县域经济社会稳定发展方面，推进公共服务体系和基础设施建设，必须坚持以创新、协调、绿色、开放、共享的新发展理念为引领。公共服务的均等化和效能化不仅能提升县域发展水平，而且能有效防止过多的资源集中于贫困村庄和人口，以防止出现资源的堆积和损耗问题，避免引发贫困村庄和人口周边的非贫困村庄和人口的心理失衡。加强基础设施建设、推进公共服务均等化，实现城乡统筹发展，提升县域治理水平，提高共建能力和共享水平，为决胜全面建成小康社会提供坚实民生保障。

90 年前，井冈山是中国革命开创一个新阶段的起点；90 年后，井冈山又踏上全面脱贫奔小康的新征程。2017 年 2 月 26 日，井冈山市在全国率先实现脱贫"摘帽"，成为新时代打赢脱贫攻坚战的一面旗帜，具有标杆意义。井冈山市大力弘扬跨越时空的井冈山精神，以脱贫攻坚统揽经济社会发展全局，注重发挥党的政治优势、组织优势和群众工作优势，从党建中汲取力量，实现基层组织坚强有力、党员作用充分发挥、机制建设完善有效，不断形成以规划统领、党建引领促进脱贫攻坚的良好局面。井冈山市脱贫攻坚的历程是中国共产党人践行初心使命的缩影，彰显的是中国共产党人的历史自觉和政治担当，也兑现了中国共产党人带领老区人民和全国人民一道实现全面小康的庄严承诺。

第二章 "三卡"体系：精准思维创新贫困治理模式

脱贫攻坚贵在精准，重在精准，成败之举在于精准。精准思维是精准扶贫不同于以往扶贫工作的本质所在。精准扶贫就像扣扣子，精准对象就是扣的第一颗扣子，如果第一颗扣子扣错了，那么帮扶举措、帮扶结果都会出现偏差。因此，精准扶贫在具体实践中应始终坚持精准思维，牢牢抓住精准识别、精准帮扶、精准退出、精准管理四个关键。

第一节 创新精准识别工作方法

精确识别是精准扶贫的重要前提。扶贫工作要到村到户，首先要了解哪一村贫、哪一户穷，摸清底数、建档立卡，这是精准扶贫的"第一战役"。建档立卡对象包括贫困户、贫困村、贫困县和连片特困地区，县级层面主要开展贫困户和贫困村的精准识别工作。通过精准识别和建档立卡，了解贫困状况，分析致贫原因，摸清帮扶需求，明确帮扶主体，落实帮扶措施，开展考核评估，实施动态管理。围绕"扶持谁"的问题，井冈山市创新建立了"12345"精准识别程序和"红蓝黄"贫困户三卡体系，实现识别上的精准，将"面上掌握"转变为"精准到人"。

一、规范精准识别程序，创新"12345"识别机制

（一）贫困对象摸底调查

以乡（镇、场）和村（居）为主体，抽调市直挂乡包村人员、乡镇驻村人员、第一书记等组成调查工作队，逐村逐户进行摸底调查，形成"八步工作法"。第一步，全摸底。摸清全村各家各户的家庭人员、住房就医、产业现状、经济来源等情况，做到底子清、情况明。第二步，学政策。重点宣讲贫困户识别标准、识别程序、"两不愁三保障"、五类人员等内容，让参会人员明白政策规定、评议程序、界定标准。第三步，群众提。召开户代表会议，由村民小组贫困户民主评议领导小组对初选名单逐一进行情况说明。第四步，初步审。由调查组成员汇总群众提名贫困户人选，按照有关要求，综合前期调查摸底掌握的情况，对群众提名的贫困户名单进行初审。第五步，群众议。重点向参会的户代表说明初提名单的产生过程、提名原因、初审意见，然后请各位户代表对初提名单进行讨论，充分发表意见。第六步，投票评。组织各户代表对初提贫困户进行投票表决，由村民小组贫困户民主评议领导小组对投票结果进行汇总，当场公布投票结果。第七步，组公示。对村民小组贫困户民主评定的贫困户名单，在本组内张贴公示，同时公布举报电话，接受群众监督。第八步，会议定。由驻村工作队、乡村干部组织对村两委、党员代表、群众代表，对各拟定贫困户发表个人意见，进行民主评议。

（二）创新贫困户精准识别程序

在具体的精准识别过程中，制定统一规范的操作流程，按照"一访、二榜、三会、四议、五核"的精准识别机制，识别出贫困人口。具体地讲，"一访"，即走访农户，开展调查访问；"二榜"，即分别在村居和圩镇张榜集中公示；"三会"，即分别召开村民代表大会、村"两委"会、乡镇场党政班子

会；"四议"，即通过村民小组提议、村民评议、村"两委"审议、乡镇场党政班子会决议；"五核"，即村民小组核对、村"两委"审核、驻村工作组核实、乡仲裁小组核查、乡镇场党政班子会初核。对初核出来的贫困对象建档立卡，做到户有卡、村有册、乡有簿、市有电子档案。

"12345"精准识别工作机制，明确识别标准、申请、评议、公示公告、核验、信息填报等要求，采取量化指标、定性指标与村民代表民主评议相结合的方法，确保识别过程公开透明、公平公正。同时，在调查摸底的基础上，由驻村工作队和派驻单位党员干部按照"一准、两清"的程序，对贫困户进行复核，做到对所有的贫困人口进行精确"扫描"，确保贫困户一个不漏。总体上看，该识别程序主要体现了四方面的特点：一是突出程序规范。县乡村干部和驻村工作队通过"沉下去"，深入田间地头，用统一、规范、严格的程序访农户、查实情、探真贫，认真查看比对、评议公示、审查审核，用识别程序的标准化来确保识别的真实性。二是突出群众参与。注重发挥贫困群众的主体作用，尊重群众、发动群众、依靠群众，使群众成为识别程序启动、操作、结束等全过程的知晓者、参与者和监督者，确保识别标准"接地气"、识别程序"扬正气"、识别结果"人服气"。三是突出结果客观。通过"一访"和"二榜"，摸清农户的真实家庭情况；通过"三会"，明确农户在本村的相对贫困情况；通过"四议"和"五核"，确保贫困对象识别结果客观公正。四是突出监督纠错。通过规范的公示公告、定期"回头看"、行业部门参与全面抽查，对有财政供养人员、出资办企业、购房购车的贫困户坚决剔除，对遗漏的贫困户及时纳入。通过精准识别扶贫对象，实现了扶贫对象的精细化管理、精准化帮扶和扶贫资源的精确化配置，井冈山市的扶贫工作迈上精准作业、提质增效的快车道。

二、坚持分类施策原则，建立"红蓝黄"三卡体系

为了确保扶贫对象的真实性、准确性、全面性，井冈山市严格按照贫困

标准，牢牢把握"村内最穷、乡镇平衡、市级把关、群众公认"的原则，以村为单元，逐户排查农户情况，采集户主姓名、家庭基本信息、收入现状、致贫原因、主要诉求等基本信息，摸清贫困底数。在此基础上，遵循分类施策原则，按照贫困程度、有无劳动力等因素，将贫困户划分为红卡户、蓝卡户、黄卡户，创造性建立了"红蓝黄"三卡机制，分门别类，建档立卡，形成了"户有卡、村有册、乡（镇）有簿、市有档案"的扶贫信息管理制度。其中，红卡户即特困户，主要是指无劳动力、无就业、贫困程度深的贫困户；蓝卡户即一般贫困户，主要是指劳动力少、无就业、缺资金缺技术的贫困户；黄卡户即2014年稳定脱贫户。

精准识别时，明确规定：购买了消费型小轿车、在城区购房、建豪宅、国家公职人员、经商办企业"五类人员"一律不进，确保"贫困户一个不漏，非贫困户一个不进，贫困原因个个门清，脱贫门路户户有数"。2015年底共识别出贫困户4734户17079人，其中，红卡户1496户5021人，蓝卡户2280户7859人，黄卡户958户4199人。通过建档立卡"回头看"，共核查清理贫困户303户1155人，新识别纳入建档立卡对象44户136人。例如，睦村乡河桥村谢霜月身怀六甲，2016年丈夫病逝，留下她和两个年幼女儿，因照顾小孩无法务工创收，生活陷入困境。驻村工作队与乡村干部及时了解到她家的实际情况，将其纳入建档立卡户给予精准帮扶。

三、坚持定期排查，切实做到"遇困即扶"

（一）排查方式

一是乡村为主体。第一书记、乡村干部、驻村扶贫工作队主动走访摸排的信息全部汇总到村（居）。二是市、乡（镇、场）、村（居）信息互通。应急管理、医保、民政、残联等部门应将灾害监测、医疗费报销等收入骤减或支出骤增家庭的预警信息及时通报到乡（镇、场）、村（居），乡（镇、场）、村（居）再据此上门排查。三是及时逐级上报。乡（镇、场）、村（居）汇总分析各方面监测排查情况，发现可能致贫返贫对象的，及时逐级上报，每月底汇总上报一次。

（二）排查对象

主要从以下几类重点对象中排查。一是，人均可支配收入低于国家扶贫标准 1.5 倍，并已识别为易致贫低收入户和易返贫脱贫户（简称"两易户"）的。二是，因遭遇突发情况造成生命、财产重大损失或收入骤减的。三是，因家庭成员患重大疾病或遭遇重大变故导致支出骤增的。四是，家庭主要劳动力丧失劳动能力的。五是，其他原因导致生活困难的。

（三）核查标准

核查工作要做到客观、全面、准确，既要核查农户家庭收入支出情况，又综合考虑其家庭经济基础和实际承受能力；既坚持扶贫标准，又参照落实贫困户"七清四严"的要求。当遇困群众因收入骤减，或因财产损失、支出骤增超过其家庭经济实际承受能力，依靠自身力量难以摆脱困境，可能致贫返贫的，应列入"遇困即扶"对象。对收入减少不多、支出增加不大或财产损失在其经济承受能力范围内，不会因此致贫返贫的，不应列入"遇困即扶"对象。

（四）认定程序

"遇困即扶"对象参照脱贫攻坚精准识别办法认定。首先，村级评议。由遇困群众向村（居）委会提出申请，申请有困难的，由村第一书记、乡村干部、驻村扶贫工作队帮助申请。村（居）委会每月 25 日前要组织村第一书记、村两委干部和部分村民代表，对当月申请对象进行民主评议，评议通过后报乡（镇、场）。其次，乡级审核。乡（镇、场）每月底前要召开相关会议对当月申请对象进行审核。审核通过后报市扶贫办。最后，市级审批。市扶贫办每月 5 日前，要组织相关部门对上月申请对象进行信息比对，排除贫困户"七清四严"等限制对象后，组成评估组实地核实。经核实存在致贫返贫风险的，评估组应提出"遇困即扶"对象认定意见，提交市联席会议研究，并以一定的方式接受群众监督。

第二节　理清精准帮扶工作思路

脱贫攻坚中，在解决好"扶持谁"问题的基础上，下一步工作的关键就在于"谁来扶"和"怎么扶"。对于不同贫困群众的致贫原因应从实际情况出发，对于不同贫困类型应分类帮扶，做到因地因户精准施策，实现贫困群众全覆盖。井冈山市创新建立精准帮扶举措，做到干部帮扶到位、政策落实到位、帮扶资金到位。提出"五个起来"帮扶机制，切实实现贫困群众帮扶方式精准、责任明确。

一、理清帮扶思路，确保帮到点上、扶到根上

围绕"谁来扶"的问题，井冈山市对识别出的贫困户，根据其贫困状况、贫困原因以及贫困户的诉求，分别采取相对应的帮扶措施，切实做到三个到位。

（一）实施"321"党员帮扶机制，做到帮扶干部到位

建立党员干部"321"帮扶机制，即县处级干部帮扶 3 户以上、科级干部帮扶 2 户以上、一般的党员干部帮扶 1 户以上，做到"乡乡都有扶贫团，村村都有帮扶队，户户都有帮扶责任人"，实现领导挂点、干部包户、第一书记驻村、党员结对、技术人员指导的帮扶力量"五个覆盖"。井冈山市从 2015 年开始，共计发动了 3200 多名党员干部，深入到田间地头，跟老百姓

同吃同住同劳动，同坐一条板凳访贫问苦，帮助他们摆脱贫困。这样就使每一个贫困家庭、贫困群众都至少有一个党员干部在帮扶，实现贫困群众全覆盖。每一个乡镇都有一个处级以上的领导，担任帮扶团团长或挂点的领导，每一个村都有帮扶单位，每一个单位都派驻驻村工作队，每一个队的队员不少于三个人，实现了乡镇、村、贫困户的全覆盖，解决谁来扶的问题。

（二）创新差异化帮扶机制，做到帮扶政策落实到位

根据不同贫困村、不同贫困类型，通过优化基础设施、资金、项目、技术、产业等政策倾斜，实施差异化帮扶，做到帮扶时间、帮扶资金、帮扶力量、帮扶措施的差异化，实现贫困村与非贫困村、贫困户与非贫困户共奔小康。整合扶贫、民政、教育、卫计、交通、人保、城建、农业、林业等部门用于解决农村贫困群众实际困难的相关政策和相关资金，用于精准帮扶，切实做到"应保尽保，应扶尽扶"。

（三）构建合力攻坚帮扶机制，做到帮扶资金到位

在江西省安排的1000万元产业扶贫资金的基础上，市级财政安排农业产业化资金1000万元用于产业扶贫，同时井冈山市每年还安排了贫困村村庄整治和移民搬迁配套资金300万元，确保每户产业帮扶资金不低于5000元和贫困村"最后一公里"基础设施帮扶措施的落实到位。充分发挥社会主义的制度优势，充分发挥井冈山独特的政治优势，积极争取各级各界支持，构建长期立体的帮扶格局，形成全山上下齐心协力、齐抓共管的合力攻坚的大格局。

二、以"五个起来"工作机制统筹精准帮扶

贫困群体的致贫原因是复杂多样的。围绕着"怎么扶"的问题，井冈山市因地制宜、因户施策、找准路子、措施到位，创新提出"五个起来"帮扶

机制，实现帮扶上的精准，将"大水漫灌"转变为"精准滴灌"，实现了"家家有致富产业，个个有资产收益，户户有安居住房，人人有兜底保障，村村有村容变化"，确保扶到点上、扶到根上。

（一）"有能力"的"扶起来"，实现家家有致富产业

根据贫困群众的致富意愿和劳动能力的实际情况，有针对性地制定帮扶措施。依托井冈山市资源禀赋和产业优势，重点打造了20万亩茶叶、30万亩竹业、10万亩果业的"231"富民工程，全力帮助群众到景区、园区、城区务工就业，大力实施"一户一块茶园、一户一块竹林、一户一块果园、一户一人务工"的"四个一"产业扶贫模式，真正做到让"资金跟着穷人走、穷人跟着能人走、能人跟着产业走、产业跟着市场走"，确保家家有一个致富产业，户户有一份稳定的产业收入。

（二）"扶不了"的"带起来"，实现个个有资产收益

针对部分贫困群众缺乏劳动能力、难以自我发展的实际，在每个乡镇都建立了产业示范基地和产业合作社，吸纳贫困户或以资金，或以土地入股等形式，参与产业发展，做到每个贫困户都有一个产业增收项目，实现"资源变资产、资金变股金、农民变股东"。

（三）"带不了"的"保起来"，实现人人有兜底保障

对完全丧失劳动能力和因病、因残致贫的贫困户，在落实国家普惠性政策基础上，由井冈山市本级财政自筹资金，叠加实施一系列差异化的保障政策，确保贫困户都能实现"两不愁三保障"。井冈山市在2016年开始建立了助贫爱心基金，资金来源包括景区门票收入的10%、土地出让收入的10%，共计约5000万元作为启动资金。爱心基金主要针对因大病、因学造成生活条件较差的贫困户，牢牢兜住这部分群体的生活质量底线。

（四）"住不了"的"建起来"，实现户户有安居住房

围绕"绝不让一个贫困群众住在危旧土坯房里奔小康"目标，实行差异化的奖补政策，坚决消灭危旧土坯房，确保每一栋土坯房都拆得动、建得起、住得进，全面解决了包括非贫困户在内的所有群众的安居住房难题。安居工程需要大量的资金投入，井冈山市在实践中采取了"四个一点"的做法，即政府补一点、社会捐一点、贫困户出一点、扶贫资金给一点相结合，解决贫困户的住房难题。

（五）"建好了"的"靓起来"，实现村村有村容变化

井冈山市通过脱贫攻坚来引领经济社会转型发展，积极开展消灭摞荒土地，发展致富产业；消灭危旧土坯房，建设美丽乡村的"两个消灭"专项行动。按照"整体规划、全域旅游、处处是景"的总体要求，完成了563个自然村的美丽乡村建设，井冈山群众实现了"走平坦路、喝干净水、上卫生厕、住安全房"的美好生活愿望。

第三节　建立精准管理工作机制

"贫困之冰，非一日之寒；破冰之功，非一春之暖。"各种不可控返贫因素的存在对贫困户稳定脱贫提出了严峻挑战。井冈山市创新建立贫困动态管理和监督工作机制，高效利用扶贫资源，严格贫困户进退管理，切实把贫困户利益落在实处。

一、本人申请、群众公认：创新贫困动态管理机制

习近平总书记强调，要打牢精准扶贫基础，通过建档立卡，摸清贫困人口底数，做实做细，实现动态调整。井冈山市虽然率先脱贫"摘帽"，但贫

困村、贫困户并没有完全退出，而且返贫现象会时有发生，贫困仍将在一定范围内长期存在。因此，建立健全贫困户动态管理机制，实行动态管理、跟踪管理，及时掌握贫困户家庭情况、脱贫状况及生活需求，同时健全防止返贫动态监测和帮扶机制，落实靶向治疗，做到扶真贫，真扶贫，防止出现规模性返贫。具体实践中，井冈山市探索出"本人申请、村级初核、乡镇把关、群众公认"的工作思路，实现贫困户信息的动态管理。

（一）实施贫困对象动态管理

1. 遵守程序，应进则进

一是严格遵守认定程序。按照江西省《精准识别七步法工作流程》和《精准识别动态管理工作流程》，结合井冈山市"12345"精准识别方法，坚持"本人申请、村级初核、乡镇把关、群众公认"的原则，将符合建档立卡条件的贫困户全部纳入建档立卡范围。新进对象侧重因天灾人祸致贫、因学举债致贫、因病缺劳致贫等困难群众。二是对贫困对象进行复核。在调查摸底的基础上，各驻村工作队和派驻单位党员干部采取"询、看、访"的方式，按照"一准、两清"的程序，对贫困户进行复核。"一准"，即精准识别，把帮扶对象弄准确，与乡（镇、场）共同确定，进行最后公示；"两清"，即把贫困原因摸清，把帮扶思路理清。

2. 部门联动，畅通出口

加强扶贫、民政、人社、卫计、教育、残联、交通、房管等部门数据互通共享，通过信息资源整合，运用技术手段，在没有特殊情况的条件下，按照"五类人员"（即购车、购商品房、建豪华住宅、国家公职人员、经商办企业等五类人员）一律不准（如无特殊情况）的要求，实现贫困对象的精准认定。定期组织对贫困对象的家庭收入、家庭结构、就业等变化情况进行核查，根据核查结果及时调整，畅通出口。如因学致贫中，贫困户家中有大学生，大学生毕业参加工作后应立即取消贫困户资格。

3. 建立标准，退出有序

按照"两不愁三保障"标准，即人均可支配收入超出国家贫困标准；贫困户家庭成员全部参加农村医疗保险，在校学生全部享受教育帮扶、医疗、教育保障得到落实；住房状况良好。按照"是否享受政策、是否转变思想观念、是否提高发展能力、是否实现稳定增收"的要求，采取"贫困户预退申报、精准扶持、摸底调查、民主评议、入户核实、公示公告、审核批准、销号退出"的程序，精准到户、全面评估、三级审核、有序退出，确保脱贫结果贫困户认同、社会认可。

（二）实施贫困户信息动态管理

1. 定期核查，掌握贫困户动态信息

帮扶人定期或不定期对家庭生活状况相对稳定的无劳动力，或主要劳动力因患大病、重残、丧失劳动能力等保障对象每年核查一次；对其他保障对象至少每半年核查一次，部分保障对象还应重点核查的，做到一季度核查一次或随时抽查，并将核查结果反馈到乡扶贫办。同时，井冈山市扶贫办组织人员不定期抽查。

2. 更新信息，实现"四个一致"

乡扶贫办人员根据帮扶人核查的结果，按照"四个一致"的原则，认真比对系统信息、档案卡信息与实际信息，及时更新贫困户的相关信息，并反馈到市扶贫和移民办汇总，提高全市精准扶贫运作效率。积极开发贫困户信息二维码，将贫困户收支台账、家庭基本信息、帮扶责任人信息、信息数据采集等多个方面的信息制成二维码，通过手机"扫一扫"，便可了解他们的建档立卡资料。大力推广应用中国社会扶贫网，村第一书记和结对帮扶干部指导帮助贫困户每户至少注册 1 个账号，长期保持发布 3 条需求信息，每月刷新一次。

（三）实施帮扶措施动态管理

加强对贫困户的走访力度，及时了解贫困户的动态需要，根据贫困户的动态需要，做到对症下药。如有些贫困户可能存在着多项致贫原因，有因病、因学、缺劳力等，贫困户病好后获得劳动能力或者学业完成参加工作，帮扶责任人则应着重开展就业帮扶。

（四）精准管理的工作保障

1. 发挥第一书记和驻村工作队的组织作用

第一书记和驻村工作队积极组织本单位帮扶人员定期或不定期对贫困户开展走访，督促填写好走访记录，并要求帮扶人上交走访了解的信息。

2. 发挥乡扶贫办和市扶贫办的督查作用

乡扶贫办人员通过采用电话抽查的形式抽查帮扶人是否到位，是否及时掌握贫困户动态信息，并将抽查结果及时反馈给乡镇主要领导和市扶贫和移民办；市扶贫和移民办人员采取电话抽查或入户抽查方式，查看贫困户信息是否实现四个一致，是否实行了动态管理，帮扶措施是否及时调整。

3. 发挥组织、纪委等部门的督查考核作用

成立由市纪委、市委组织部组成的考核督查小组，加强对第一书记到位的考核，同时加强督查各地各部门各单位及其工作人员贯彻落实动态管理工作情况。

二、应进则进，应退则退：严格贫困户的进退管理

井冈山市通过创新贫困户精准进退机制，确保进得来、出得去，实现"应进则进，应退则退，全天开放，全域覆盖"。具体来看，推行"一访、二榜、三会、四议、五核"五道程序，确保进入精准。实施"乡镇预审、市级核查、上级预检"三个步骤，确保退出精准。实行市、乡镇、村居"三级联

动"，确保过程精准，即在市级，建立平台，智慧管理；在乡镇，实时监测，定期核查；在村组，驻村帮扶，动态掌握。

一是新进对象侧重化。重点加强对因天灾人祸致贫、因学举债致贫、因病缺劳致贫等困难群众的走访，了解困难群众实际情况，分门别类登记，将符合条件对象全部纳入建档立卡范围。二是部门联动常态化。加强扶贫、民政、人社、卫计、教育残联、交通、房管等部门数据互通共享，通过信息资源整合，运用技术手段，实现贫困对象的精准认定。定期对贫困对象的家庭收入、家庭结构、就业等变化情况进行核查，根据核查结果及时调整，畅通出口。三是核查制度正规化。对因病、因残或丧失劳动能力的保障对象每年核查一次，对其他保障对象至少每半年核查一次，做到一季度核查一次或随时抽查，实现应进则进、应退则退。四是信息平台系统化。以乡镇扶贫办为基础，设立专员，及时接受和修正贫困户的相关信息，并及时反馈到市扶贫办汇总，提高全市精准扶贫运作效率。制作贫困户收支台账、家庭基本信息、帮扶责任人信息、信息数据采集等信息二维码，轻松"扫一扫"，便可了解贫困对象建档立卡情况。五是脱贫退出标准化。按照"两不愁三保障"的脱贫标准和"是否享受政策、是否转变思想观念、是否提高发展能力、是否实现稳定增收"的要求，达标一户，验收一户，脱贫一户，确保脱贫结果贫困户认同、社会认可。

三、四卡合一、三表公开：创新贫困退出监督机制

围绕"如何退"的问题，井冈山创新提出了"四卡合一""三表公开"工作机制，实现管理上的精准，将"整体退出"转变为"精准进退"。市级层面，在全省率先建立市、乡、村三级一体的精准扶贫大数据管理平台，精确掌握每一个贫困户的所有信息。农户层面，将贫困户基本信息卡、帮扶记录卡、政策明白卡、收益登记卡进行整合，实现"四卡合一"，做到贫困户家庭情况清清楚楚，贫困户实际收入明明白白，实现"管"得清楚。针对

井冈山市脱贫攻坚的实践、经验与展望

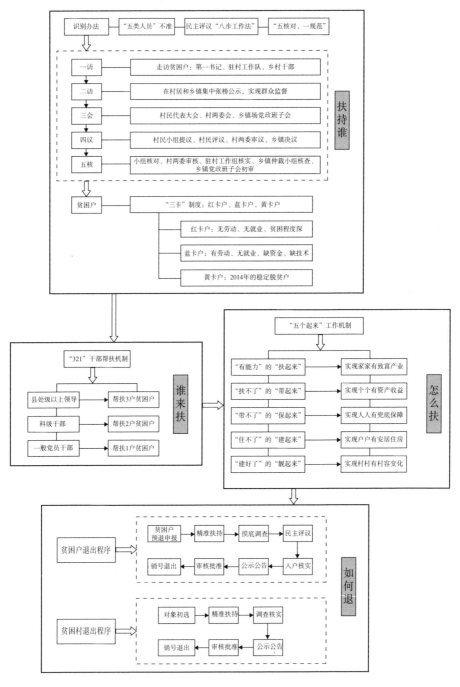

图2—1 井冈山市精准扶贫流程图

红、蓝、黄卡户，统一印制《贫困户收益确认公示表》，登记每一项现金收入，一分一厘都经过贫困户签字确认后公示公开，严格动态管理，做到应进则进、应退则退，确保了"贫困在库、脱贫出库"，实现"脱"的透明。通过四卡合一、三表公开，使贫困户能够精准进退，同时也方便了社会监督。

第三章 "红绿相映"：红色文化融合
绿色资源实现稳定脱贫

  "实事求是闯新路"的井冈山精神为井冈山"红绿相映"的产业发展实践提供了精神支撑。在脱贫攻坚实践中，井冈山市认真贯彻落实习近平总书记"绿水青山就是金山银山"的"两山"理论精神，因地制宜地坚持绿色发展，深挖红色文化内涵，实现红色文化与绿色资源的深度融合，建立红绿辉映的产业体系。"坚守绿色底色、做亮红色特色、璀璨发展金色"，在脱贫攻坚中持续精准施策，打造红绿融合的产业发展模式，创新持续增收机制，构建了稳定脱贫长效机制。2020 年全面建成小康社会后，我国将迈入新的发展阶段。党的十九届五中全会指出新的发展阶段要走高质量发展道路。井冈山"红绿相映"的产业发展模式既是符合生态文明理念的产业发展道路，也是一种高质量发展模式，为井冈山实现高质量跨越发展奠定了坚实基础。本章从井冈山的特色产业发展出发，分析其背后的可持续发展逻辑，揭示井冈山"红绿相映"的融合发展机制，总结其发展经验和启示。

第一节 "红色最红"：做亮红色特色带动全域旅游

  习近平总书记在 2013 年 11 月 26 日同山东省菏泽市及县区主要负责同

志座谈时讲道："要紧紧扭住发展这个促使贫困地区脱贫致富的第一要务，立足资源、市场、人文旅游等优势，因地制宜找准发展路子，既不能一味等靠、无所作为，也不能'捡进篮子都是菜'，因发展心切而违背规律、盲目蛮干，甚至搞劳民伤财的'形象工程''政绩工程'。"井冈山市深入贯彻习近平总书记关于扶贫工作的重要论述，通过依托红色资源优势，将红色资源禀赋与产业选择相结合、红色资源与产业发展协调相联动、打造出具有井冈山特色的"红色式"脱贫发展创新路径，让农民更多分享产业增值收益，为脱贫攻坚和产业发展提供了优秀的老区范例。

一、井冈山的红色资源禀赋与产业选择

井冈山是浸透着革命烈士鲜血的红色圣地，绿水青山辉映着先烈英灵，红色基因植根血脉，处处彰显着中国共产党的"宝贵初心"和"神圣使命"。脱贫攻坚以来，井冈山市一直在探索如何依凭"天下第一山"的资源禀赋，助推红色旅游产业的发展。在脱贫攻坚过程中，井冈山不断挖掘独特而丰富的红色资源，以此为红线串起了产业选择和发展的生动画面。

作为一座英雄的山，一座光荣的城，井冈山拥有非常丰富的旅游资源，是全国少有的集革命旧址遗迹景点和风光旖旎的自然景观于一体的第一批国家级重点风景名胜区，革命胜迹与壮美山河交相辉映，共同构成井冈山丰裕的红色资源。井冈山风景名胜区面积261.43平方公里，占全市总面积的18%，一共分为11个景区，76处景点，460多个景物景观，是1982年首批国家级重点风景名胜区、2007年首批国家5A级景区，同时还是中国百家爱国主义教育示范基地和中国十佳优秀社会教育基地。

一段波澜壮阔的革命历史造就了井冈山市丰富的红色旅游资源，在短短的两年零四个月里，党领导下的革命队伍留下了丰富的革命遗迹。以具体物质形态的红色资源为基础，汇集井冈山革命博物馆集中收藏的各类历史文物等信息形态的红色资源，融合跨越时空的井冈山精神，构成了井冈山最亮的

色彩，为井冈山红色旅游的发展提供了强大的资源基础。

在脱贫攻坚和巩固脱贫成果的过程中，井冈山市始终坚持"产业为根、立志为本、机制为要、党建为基"的基本方略，把推动产业发展、实现产业增收作为最重要的发展举措，由此结合资源优势，走出了一条具有井冈特色的产业发展道路。

井冈山依托丰裕的红色资源，将旅游业打造为支柱产业，并在此基础上坚持"红色引领、绿色崛起"的发展理念，把红色作为最突出的特色，把绿色作为最大底色不断做优做强旅游业。以红色为亮点的旅游为井冈山市吸纳贫困户务工就业、壮大民宿经济、推动研学旅行、发展红绿结合的乡村旅游和做优红色培训等赋予了强劲动能。由此，走出了一条做亮红色特色带动全域旅游、做强全域旅游壮大各类业态的产业发展道路，是井冈山充分挖掘和发挥红色资源禀赋、积极践行井冈山精神而探索出来的一条将红色资源和产业扶贫相融合的发展的道路。

二、融合发展：红色资源与产业发展协调联动

如何把独特而丰厚的红色资源融入扶贫及其产业发展中，并促进二者协调联动，从而进一步巩固拓展脱贫成果，推动脱贫攻坚与乡村振兴的有效衔接，井冈山市探索出如下模式，以真正实现"红色最红、绿色最绿、脱贫最好，在全面小康的征程中实现高质量跨越发展"的"三最一跨"发展目标。

（一）将红色文化植入全域旅游

2017年，"全域旅游"第一次被写进了井冈山市政府工作报告。于是，井冈山紧紧围绕"三最一跨"的发展目标，大力实施"旅游+""茨坪+"行动计划，抓住旅游业发展的新机遇，积极打造全域全业全时旅游新业态。为此，井冈山市的全域旅游发展也取得了突出的成果（见表3—1）。

表3—1　井冈山市旅游收入统计表（2014年以来）

年份	接待游客量（万人）	接待游客量同比增长（%）	门票收入（亿元）	门票收入同比增长（%）	旅游总收入（亿元）	旅游总收入同比增长（%）
2014	1152.50	—	0.77	—	89.02	—
2015	1383.00	20.00	1.08	40.38	108.60	22.00
2016	1530.00	10.52	1.32	23.89	121.00	12.00
2017	1732.54	13.25	1.49	12.39	138.89	14.74
2018	1839.08	6.15	1.50	0.67	150.00	7.92
2019	1932.14	5.06	—	—	160.30	6.95

（数据来源：井冈山市发展改革委）

井冈山全域旅游的突出成绩主要源于以下途径：

一是以全景理念打造全域旅游。井冈山市立足本地实际，深挖各乡镇红色资源和文化，持续推行"茨坪+"行动计划，打造"1+6"特色旅游小镇，即以茨坪为中心，梨坪、罗浮、拿山厦坪、黄坳、龙市、茅坪6个区域为辐射的特色旅游小镇建设，实现"一处美"变为"处处美"，不断提升全域旅游的品质。为此，井冈山市积极探索将红色文化融入到全域旅游中，把茨坪打造成为全国知名的宜居宜游特色生态休闲小镇；把梨坪打造成为以会议培训、避暑度假为主的文化小镇；把罗浮打造成为以休闲养生为主的度假小镇；把拿山厦坪打造成为以农业观光、民俗体验为主的休闲小镇；把黄坳打造成为以运动健身为主的运动小镇；把龙市镇打造成为红色旅游的重要目的地；把茅坪打造成为以红色培训、民俗度假为主的体验小镇。

以茅坪镇为例，当地政府整合茅坪各处的红色景点，通过与设立在茨坪、由共青团中央创办的"全国青少年井冈山革命传统教育基地"协商，把茅坪打造成为青少年接受革命教育、进行拓展训练的红色培训基地，每年不少来自全国各地的青年学生在坝上村参加"红军的一天"实践体验课程。该课程通过让学员穿红军服、戴红军帽、挎红军枪，亲身体验井冈山斗争时期红军急行军、找情报、寻草药、反"会剿"、救伤员、干农活、访民情、做红军餐等战斗和劳动生活情景，接受生动的革命教育。更重要的是，茅坪镇的红色培训给当地群众尤其是贫困户带来了产业增收的机会。参加培训的学员们，一般都安排在农户家里就餐，一桌十人，每餐收费33元，其中除了3元作为村集体收益提成外，其余收益归接待农户。此外，农户依靠出租红军服等系列活动用品，每年也能获得一笔不少的收益。

以红色文化为特色的民宿经济也是茅坪镇建设特色小镇的另一个发力点。为此，当地引入专业经营公司，一次性租赁闲置的土坯房，整体规划、重新装修，融入红色文化的元素，辅之以绿色基调，打造成全新的民宿，作为来山游客体验民俗、休闲度假的好去处。而当地群众尤其是贫困户不仅能够拿到一次性付清的房屋租赁费，还有机会进入民宿公司务工，获得一笔稳定收入。如茅坪镇坝上村仅"民宿经济"一项，每户年收入可达2万多元。民宿经济的发展为茅坪镇巩固拓展脱贫成果，探索脱贫攻坚同乡村振兴有效衔接提供了有益经验。

此外，乡村旅游也是井冈山市全域旅游的重要组成部分。井冈山市着力打造了一批乡村旅游扶贫示范点。截至2019年，已打造出6个4A级乡村旅游点，4个3A级乡村旅游点，吸纳旅游贫困人口就业5100余人。比如，茅坪镇神山村，井冈山6个4A级乡村旅游点之一，每年吸引游客20多万人次，是井冈山市乡村旅游的一张闪亮名片。来到神山村，游客们打糍粑、品客家茶、吃农家宴，亲身体验客家文化，感受"中国美丽休闲乡村"之美。2019年，神山村共接待游客32万人次，实现旅游收入460余万元，农民人均收入2.2万元，村集体经济收入38万元。截至2019年底，全村发展精品民宿装修3栋，已投入营业3栋。鼓励村民自主发展养蜂业2家，酿酒1家，竹木制品加工3家，制茶2家，特产销售点5家，标准农家乐接待户16家，乡村民宿4家。红色旅游与特色民宿、乡村旅游、特产销售相融合，为井冈山市的特色产业发展之路打下了坚实基础。

二是以全业理念构建新型业态。井冈山市大力推动产业深度融合，实施

"旅游+"行动计划，持续做优做强"1+4"产业体系，即以旅游经济为主导，带动总部经济、会展经济、休闲经济和电商经济同步发展，变"一业兴"为"业业兴"。不断挖掘红色文化并将其植入全域旅游中，更好推动旅游产业在全市经济发展中挑起大梁，从而拉动全产业的发展。在总部经济发展方面，借助井冈山强大的招商品牌，积极引进总部经济企业，帮助蓝海芯科技、凤翔传说等拟上市企业加快上市步伐；在会展经济方面，加大投资和建设力度，推进井冈山会展中心项目建设；在休闲经济方面，通过实施盘活一批闲置酒店、改造一批低端酒店、新建一批高端酒店、发展一批民宿的"四个一批"工程，争取到2020年旅游接待床位达到4万张；在电商经济方面，通过进一步完善基础设施，逐步引导工业、服务业、农业等各行业企业线上线下融合发展。

位于拿山镇的井冈山市高科技农业博览园就是在这样的背景下投资建设。2019年，该园生产优质蔬菜达到2000万斤，产值达到4500万元，直接带动周边乡镇蔬菜种植5万亩，产品直接销售至大中型城市。更为重要的是，井冈山市高科技农业博览园是一个旅游经济、总部经济、会展经济、休闲经济和电商经济深度融合发展的现代化农业标志工程，是井冈山市推动全域旅游的重要成果。该园重点打造的现代农业观光产业，将带动拿山镇及周边一带民宿经济、餐饮业的发展，构建全业态旅游景观。

三是以全时理念提升旅游要素。井冈山市积极探索多元化、差异化的旅游业态，不断增添全域旅游的新要素，通过打造精品民宿、丰富旅游产品，让传统的季节性旅游、白天旅游转变为全时段旅游。大陇镇的实践正是贯彻这一理念的有益探索。

2014年以来，大陇镇结合当地红绿元素，加入时尚元素，提出发展全时段旅游的目标，大力推进建设"美丽乡村"精品示范点，全镇乡村面貌发生了翻天覆地的变化。经过几年的建设，如今的大陇镇，已经成为一个集旅游、红培、休闲、娱乐为一体的山水田园度假胜地，中国井冈山干部学院将这里作为外景教学点之一，全镇每年接待各地学习考察团 300 余次，同时也吸引了更多的游客前来度假。

尤其是 2014 年以来通过引入陇上行生态农业开发有限公司，按照引进企业主体投资、发动村集体农户入股的思路，成立了红墟坊乡村旅游公司，创新实施"1+8+48"的产业发展模式，发展白莲和百香果产业；在案山村，创建苏莲托咖啡馆、陇客来农家乐、陇门客栈等 6 家经营主体，村民创办豆腐坊、一口香等 4 家店铺，实现了可容纳住宿 50 人、餐饮 200 人的日接待能力。如今，大陇镇的乡村旅游红红火火，每年接待游客近 10 万余人。参与入股的 8 个村（居）每年可获得近 12 万元的集体经济收入；参与入股的 48 户贫困户每年可获得 1000 元以上的股金分红；其他群众通过以土地、房屋出租或入股的方式获得约每年 5000—12000 元的租金或股金分红；公司还吸纳了 44 名当地群众就业，每人每年约获得务工收入 24000 余元，村内相关从业人员月均收入达 4500 元左右。

陇上行度假村从最初的 2 栋民宿，发展到现在的 13 栋、143 间房、286 个床位。白天感受红色文化，欣赏绿色美景，夜晚既可体验农家韵味，领略山间夜色，也可在清吧品茗，咖啡会友，或去光辉岁月俱乐部尽情高唱红色歌曲……于是，旺季与淡季趋同、昼夜一体的全时段旅游蓬勃发展。让 1 家公司联合 8 个村集体带动 48 户贫困户，搭建了村民、政府、公司三赢的合作平台，推动旅游产业、农业产业、电商产业发展，实现了经济效益、社会效益相统一，实现了资源变资产，租金变股金，农户变股东，家家有致富产业，户户有稳定收入的完美嬗变，成为井冈山市"红色最红、绿色最绿、脱贫最好"高质量跨越式发展可持续、可推广模式的先进典范。

（二）将红色基因纳入研学旅行

研学旅行是一种新兴的融学习、研究和旅游观光为一体的旅游模式，它将单纯的游玩和有目的的学习结合起来。2013 年 2 月，国务院办公厅印发

《国民旅游休闲纲要(2013—2020 年)》提出,"逐步推行中小学生研学旅行"。井冈山市抓住这个旅游业发展的新机遇,把研学旅行作为弘扬和传承井冈山精神的重要举措,作为发展全域旅游的重要手段,作为促进经济社会发展的重要动力,作为巩固拓展脱贫攻坚成果同乡村振兴衔接的重要探索。在市场前景的吸引和政府的扶持下,依托强大的红色资源和独特的红色基因,一批融红色文化与绿色产业于一体的研学基地迅速成长,并为脱贫益贫、产业振兴、乡村建设打下了坚实基础。沃土胜境文化发展有限公司便是其中的代表。

沃土胜境成立于 2017 年,位于井冈山市光明乡汉头村,是一家致力于研究性学习和旅行体验相结合的校外教育文化机构。经过 3 年多的发展,目前该公司已成为一家功能齐全、配套完善、环境优美,同时集研学旅行、红色培训、团建拓展、亲子游、夏令营和冬令营于一体的,可同时容纳 1500人食宿的综合性教育实践基地。截至 2020 年 10 月,该公司已累计接待省内外的研学学员 10 万余人(部分业务见表 3—2),成为井冈山市研学旅行的龙头企业。

表 3—2 沃土胜境 2019 年—2020 年部分业务统计表

序号	年份	月份	人数	时段	类别
1	2019 年	9 月—12 月	15024	5 天 4 夜	中小学研学
2	2020 年	4 月—6 月	315	2 天 1 夜	团建
3		7 月—8 月	1984	7 天 6 夜	夏令营
4		9 月—11 月	11092	2 天 1 夜	中小学研学

(数据由沃土胜境文化发展有限公司提供,该公司从 2019 年 9 月正式营业。)

沃土胜境为当地经济发展注入了新动能,其所在的汉头村如今被称为"研学村",公司主动与村集体、农户合作,村集体提供基础设施保障;租赁农户的农田和林地等作为场地开办研学活动;同时,农户与公司签订合同,为研学学员提供食宿(宿舍由公司统一装修,农户仅仅提供房间);按照"公司担风险、农户保收益、村集体有分成"的原则形成利益联结机制。截至

2020年10月，已吸引签约农户60余户，为汉头村村集体增加收入约6万元，合作农户年收入增加约2万元。

（三）将红色血脉融入井冈培训

精准扶贫以来，井冈山充分利用得天独厚的红色文化资源，将红色血脉融入培训活动，探索出了一套集培训、参与、体验于一体的井冈培训模式，这是一套集红色传承打造红色文化品牌、规范管理打造红色培训管理品牌、注重教学质量打造红色培训教学品牌、产业延伸打造县域经济发展品牌为一体的运作模式。于是，通过制度引领城乡"连起来"、通过课程让全域"活起来"、通过培训产业让三产"动起来"，为井冈山市打赢脱贫攻坚战带来了极大的效益，可谓硕果累累，领跑全国（见图3—1）。

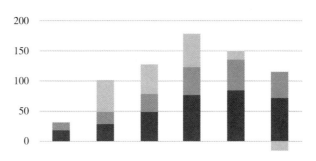

	2014年	2015年	2016年	2017年	2018年	2019年
■ 培训人次同比增长（%）		53.3	49	55.03	14.8	-14.88
■ 培训人次（万人）	13.05	20	29.78	46.17	51.19	43.57
▥ 培训班次（百期）	19.66	30	50.42	78.18	85.39	73

■ 培训班次（百期）　■ 培训人次（万人）　▥ 培训人次同比增长（%）

图3—1　井冈山市红色培训情况（2014年以来）

（数据来源：井冈山市发展改革委）

红色培训的迅猛发展，为井冈山市的经济社会发展注入了更加强劲的动力，也为进一步巩固拓展脱贫成果构筑了更加有效的产业保障。一方面，井冈山红色培训助力脱贫攻坚。许多红色培训机构挂点帮扶贫困村，壮大了村集体经济，增加了贫困户收入。如在"红军的一天"红色培训体验项目中，神山、坝上等村的农户作为培训学员"自做红军餐"的接待户，实现户均年增收 2.3 万余元；在厦坪和拿山，600 多名当地群众通过参演大型实景演出《井冈山》，实现"白天在家种地，晚上参加演出"，每人年均增收 7000 余元。另一方面，红色培训带动了全域经济发展。井冈山市景区门票收入连年增长，由 2014 年的 0.77 亿元增长到 2019 年的 1.21 亿元。由于学员人数骤增，学员平均逗留时间由过去的 1.5 天延长至 4.5 天，提升了人均消费水平和宾馆酒店的入住率，在旺季甚至出现"一房难求"的情况，开创了红色旅游"旺季更旺、淡季不淡"的良好局面。

三、"红色式"脱贫发展的主要创新

为了更好地贯彻落实习近平总书记关于"要把红色资源利用好、把红色传统发扬好、把红色基因传承好"的重要指示精神，促进红色旅游产业发展，井冈山市走出了一条"红色式"的脱贫发展的新路。"红色式"脱贫发展是指井冈山市在以脱贫攻坚统揽经济社会发展全局的过程中，积极做亮红色这个最大的特色，从而不断推动红色文化与旅游融合发展，不断增添旅游业促进产业融合发展的动力，不断提升贫困群众的内生动力和发展能力。

一是推动红色文化和旅游融合发展。首先接受红色文化熏陶成为旅游的重要内容，旅游成为宣传红色文化的主要形式。两者的融合让红色文化走进游客心里，让旅游成为有品质、有内容、有意义的美好生活方式。为此，提出要完整地保护红色遗存，扩大满足新时代需要的红色文化内涵，把红色培训做鲜活起来、红火起来、兴旺起来，通过宣扬红色文化吸引游客。其次是创新旅游体验。不让红色文化成为高不可及的抽象精神，而是以人民群众喜闻乐见的形式创造接地气、符合时代特征的红色旅游文化，从而不断打造群众喜爱的旅游形式，如红色研学、体验式红色培训课程等。

二是把旅游业作为促进产业融合发展的重要动力。旅游业作为第三产业能够更好地促进三产融合，不断推动经济高质量发展。井冈山市实施的"旅游+"行动计划，就是以旅游业为中心，以旅游资源为核心资源，结合农业、商业和服务业进行资源的重新整合，为旅游业提供更大的发展空间，也为农业、商业和服务业注入新元素，不断促进产业转型升级和供给侧结构性改革。在旅游产业发展实践中，一方面不断拓宽融合渠道，特别注意与特色产业、优势产业融合发展；另一方面特别注重提升本地群众的获得感和游客的满足感。让更多的本地群众享受到旅游业发展的实际成果，而通过提高旅游服务质量，让游客获得更多的满足感则是旅游业发展的核心竞争力。

三是把红色文化作为提升贫困群众内生动力的重要源泉和持续发展的精神引领。激发贫困群众的积极性和主动性的方式很多，利用红色文化具有的思想政治教育功能开展"志智双扶"是井冈山的特色方法。一方面，积极宣传跨越时空的井冈山精神，使之成为脱贫攻坚奔向美好生活的精神引领力量；另一方面，大力挖掘和树立典型，发挥榜样的力量促进更多的群众积极主动作为，把井冈山精神化为脱贫致富、高质量发展的实际行动。

第二节 "绿色最绿"：绿水青山就是
金山银山的井冈模式

产业扶贫、产业兴村是精准扶贫的关键议题，也是2020年后推进减贫工作、巩固拓展脱贫攻坚成果同乡村振兴有效衔接的重点。通过农村产业化发展来助推脱贫攻坚、实现农民增收可持续、满足农民对美好生活的向往，是精准扶贫的一项"重要法宝"。在推进脱贫攻坚的过程中，充分发挥井冈山市绿水青山的资源禀赋优势，围绕脱贫攻坚完善基础设施，破解发展瓶颈，按照"生态建设产业化、产业发展生态化"的总体思路，依托井冈山市丰富的绿色资源，推动井冈山实现了由绿水青山向金山银山的转变。

一、井冈山的绿色资源禀赋与产业选择

井冈山市地处江西省西南部，是我国南方重要生态屏障之一，森林覆盖率达到86%以上，森林蓄积量1200余万立方米。2017年井冈山被列为江西省第二批生态文明先行示范市，并荣获江西省生态文明建设十大领跑县称号，其森林生态各项指标均位居全省、全国前列，连续6年通过国家重点生态功能区生态环境质量考核，是名副其实的"绿色宝库""天然动植物园"。同时，井冈山市也是我国南方重点林区县（市）之一和国家级贫困县之一，属典型的山区，全市贫困人口80%以上生产生活在山区、林区，脱贫攻坚难度很大。然而要把"绿水青山"变成"金山银山"，关键在于让生态优势转化为经济产业优势，实现生态效益经济化。因此，井冈山在推进脱贫攻坚、全面建成小康社会的进程中，坚持以维护和改善生态环境为宗旨，统筹生态建设和绿色发展，充分发挥井冈山的绿色资源优势和地理区位优势，走出一条符合井冈山脱贫实际的绿色（生态）产业发展道路——大力实施"231"富民农业产业、林业补偿工程和光伏产业，较好地实现了生态美、百姓富，为在全国率先脱贫奠定了坚实基础，也为乡村振兴战略的实施创造了前提条件。

二、"井冈模式"：井冈山生态产业促全面小康的新机制

井冈山市通过充分发挥良好的绿色资源优势，创新生态产业发展、助推乡村建设行动，既保护了生态环境，又使贫困人口从绿色产业发展中受益，推动贫困地区和贫困人口从被动保护到主动保护生态环境，实现贫困地区和贫困人口的经济收入可持续。井冈山市生态产业促全面小康的新机制主要是走"生态＋农业产业""生态＋林业补偿""生态＋光伏产业"的三条生态扶贫新路子。

（一）"生态＋农业产业"带动

产业是致富的根基，也是脱贫的主要依托，没有产业带动，就难以彻底脱贫；缺乏产业支撑，更难以持续脱贫。井冈山市依靠丰富的绿色资源优势实施农业产业扶贫，是从"输血式扶贫"向"造血式扶贫"转变的有效途径。

1.大力发展231富民产业

其一，聚焦产业发展，实现户户有产业。脱贫攻坚，产业为根，只有壮大乡村产业，才能实现稳定脱贫、持续脱贫，确保收入上的可持续。2015年井冈山市因地制宜地提出大力实施"231"富民工程，即围绕茶叶、毛竹、果业（井冈蜜柚、奈李、黄桃、猕猴桃）三大产业，做大产业基地，做强龙头企业，做优知名品牌。到2020年底，重点打造20万亩茶叶、30万亩毛竹、10万亩果业的产业基地。此后，井冈山不断加大"231"富民工程实施力度和政策奖补力度，不断吸纳贫困户参与进来，逐步形成了"一户一丘茶园、一户一片竹林、一户一块果园、一户一人务工"的具有井冈特色的"四个一"产业扶贫模式，这样的产业选择，对增强脱贫攻坚的内生动力、实现率先脱贫"摘帽"具有非常重要的意义。

其二，积极培育新型主体，促进模式丰富化。坚持市场主导，政府引导，大力培育农业产业新型主体。一是按照"扶优、扶强、扶大"的原则，着力培育壮大一批规模大、带动力强的农业龙头企业。围绕茶、竹、果业，采取"公司＋合作社＋农户＋贫困户"的模式，大力发展农产品精深加工，延长产业链条。稳步推进食品产业园、竹制品加工园建设，积极引进10家左右资源利用率高、产品科技含量高、具有市场竞争力和一定规模的毛竹、果脯和茶叶加工企业进驻，并给予适当补助，做大全市特色农业"蛋糕"。二是按照自愿互利的原则，引导生产要素向种养大户、农民专业合作社、家庭农场集中，采取"合作社（家庭农场）＋农户＋贫困户"的模式，贫困户以土地或产业发展基金入股的形式，让农民专业合作社、家庭农场、种养大户带动贫困户发展产业，促进贫困户增产增收。三是大力实施"千村万户老乡工程"，采取免费发放茶果苗的形式，鼓励联户或单户在房前屋后空余地自主发展农业产业。四是鼓励农业科技人员回乡创办示范基地，助力产业技术推广和创新。回乡创办示范基地的农业科技人员享受同等产业奖补政策，实现"示范基地＋农户＋贫困户"的产业发展模式。

其三，采取差异化的奖补配套，推进农业产业发展。井冈山市按照"不低于周边县市标准、不低于往年标准"的"两个不低于"原则，连续实施"普惠＋重点"的产业差异化奖补政策，拿出5000—6000万元作为产业奖补资金，对一般农户和贫困户实施差异化奖补，全力推进农业产业"231"富民工程，重点发展茶竹果富民产业。如：种植茶叶，贫困户奖励1200元/亩，一般非贫困户奖励800元/亩，贫困户奖补的起点为1亩，非贫困户奖补的起点为5亩，差异化的政策让所有农户都受益，巩固了产业发展之路。同时在发展农业产业的过程中，土地流转不是简单地一包了之、一租了之，而是通过奖补政策来强化农户与企业、合作社的利益联结。凡是享受政府产业奖补政策的，都必须兼顾村级集体经济和所有贫困户的收入，必须确保村级集体经济占10%以上的股份，必须确保所有的贫困户都有股份收入，进而让老百姓享有租金、佣金、股金的"三金"收入。

其四，完善保障与支撑体系建设，助推农业产业健康发展。对有实力、有信誉、对贫困户有示范带动效益的经营主体，在资金、信贷、技术、品牌建设等方面给予重点支持。一是为经营主体购买"231"富民产业农业保险；二是建立产业发展贷款贴息机制，为贫困户发展产业贷款给予全额贴息，为以贫困户为主体的产业合作社发展产业贷款给予50%的贴息；三是全面推行产业小额扶贫贷款，撬动商业银行按1∶5或1∶8的比例为产业合作社和贫困户提供产业发展贷款资金，积极引导贫困户利用小额扶贫贷款政策发展富民产业；四是建立产业发展风险防控机制，与商业保险机构合作开发农业产业保险项目，整合产业扶贫资金为贫困农户发展产业提供全额保费补贴，为以贫困户为主体的产业合作社提供 50% 的保费补贴。

2. 坚持现代（科技）农业引领

2013 年 11 月 28 日，习近平总书记在山东农科院召开座谈会时指出："农业出路在现代化，农业现代化关键在科技进步。我们必须比以往任何时候都更加重视和依靠农业科技进步，走内涵式发展道路。"井冈山市拿山镇引入寿光九丰农业科技有限公司，利用现代化高科技手段进行农产品生产、加工，再运用网络销售将产品推向全国各地，逐步走上了依靠现代科技农业助力贫困农户脱贫、巩固脱贫成果和产业持续增收的高质量发展之路。

具体而言，九丰农业科技有限公司通过租赁的方式流转拿山镇的土地，按照每年 225 千克稻谷的价格付给农户租金，租赁期限是 20 年。另外，农户还可按照每亩土地年收益 5% 的比例收取租金，而流转了土地的农户还可以优先在博览园基地里务工。这样通过让农户共享"租金＋薪金＋股金"的"三金"收益，达成"资源变资产，资金变股金，农民变股东"的目的，极大地促进了农户增收。九丰农业科技有限公司的入驻，为井冈山市 350 名贫困人口提供就业岗位，每年免费培训种植户 2000 多名，每年自产优质蔬菜 1500 万吨，产值 4500 万元，示范带动乡镇蔬菜种植 5 万亩。九丰农业还集现代农业与农产品深加工、观光农业、采摘农业于一体，进一步推动了井冈山第一、第二、第三产业的深度融合，巩固和提升脱贫"摘帽"的成果。

除了引进大型现代农业企业，井冈山市还支持小农户发展现代农业。推行"龙头企业＋专业合作社＋基地＋农户"经营模式，以保底收益、按股分红、订单农业为主要形式，形成让农民分享加工流通增值收益的契约关系，实现龙头企业与合作社、农户的有效对接和深度融合，让小农户共享农业产业化发展成果。

3. 入股产业分利

针对部分贫困群众缺乏劳动能力、难以自我发展的实际，井冈山市政府要求所有享受政府产业奖补政策的项目，都必须与村集体经济发展和贫困户投资入股或解决贫困户就业挂钩，确保村集体经济收入占10%以上的股份，并引导贫困群众将产业扶持资金以及土地、住房等资产入股合作社、农业企业，确保每个贫困户都有一个产业增收项目。

一是入股井冈山惠农宝产业投资公司，以获得稳定的分红收益。为了加大对井冈山市红卡户产业帮扶力度，井冈山市委、市政府决定扶持红卡户产业帮扶资金每户1万元，蓝卡户每户5000元，部分贫困户将1万元帮扶资金通过入股金融产业投资公司（井冈山惠农宝产业投资有限公司）。从2015年元月1日起执行，其年收益率按不低于股本金的15%标准执行，对达不到15%收益的差额部分将由指导委员会提出财政补助办法。为此，通过扶持贫困户5000—10000元产业发展基金入股惠农宝公司进行股金分红，2019年上半年共计发放分红资金258.31万元。

二是直接入股产业公司分红。在碧溪镇里陂村，为了在扶贫开发中探索更为直接有效的帮扶方式，本着"平等、自愿、互利"的原则。碧溪镇里陂村委会决定将产业扶贫资金10万元投入到泰和县碧溪润欣茵农业有限公司的烟叶基地，入股期限为两年（2016年11月1日至2018年12月1日），无论经营效益如何，2017年起，支付碧溪镇里陂村委会建档立卡的8户贫困户每户股息分红各1000元，直至入股期限届满。为了让贫困户有更多的收入来源，碧溪镇政府牵头，将产业扶贫资金8万元投入到泰和县里陂村冯提清中蜂养殖基地。2017年起，该养殖基地按协议每年12月1日前支付里陂村建档立卡贫困户每户股息1000元，直至入股期限届满，从而使没有能力发展产业的贫困户获得了稳定的收入。

（二）"生态＋林业补偿"建构

1."生态＋林业产业补偿"

首先，继续落实人工造林补助。一是造林补贴项目。通过将造林年度在一年以内，连片面积不小于1亩，未列入国家营造林工程项目的一般造林纳入造林补贴范围，增加贫困户造林劳务收入和造林收益。2019 年，落实造林计划 5400 亩，上级补助资金 153 万元。二是通过在境内重点生态区域营造防护林，2019 年落实防护林工程造林项目任务 1000 亩，上级资金补助 50 万元。其次，继续落实低产低效林改造补助项目。2019 年，实施低产低效林改造 6950 亩，其中更新改造 750 亩，补植改造 5100 亩，落实上级项目补助资金 224 万元。第三，落实森林抚育补助。优先把贫困户山场列入抚育实施范围，增加贫困群众劳务、经营收入。2019 年，实施森林抚育 13300 亩，落实项目补助资金 133 万元。第四，落实生态公益林补偿政策。继续落实好全市 15.48 万亩集体生态公益林补助，确保落实到户，其中贫困户 464 户。

2."生态 + 林业岗位补偿"

一是开发公益性岗位促进就业。井冈山市结合实际开发了乡村道路维护、保洁保绿等就业扶贫专岗，帮助贫困劳动力实现就近就地就业。2016 年—2020 年，通过开发公益岗位累计帮助 4000 余名贫困劳动力就业(图 3—2)，累计发放专岗补贴近千万元（图 3—3），助力贫困人口脱贫。

二是依托生态护林员岗位促进就业。2016 年以来，根据江西省出台

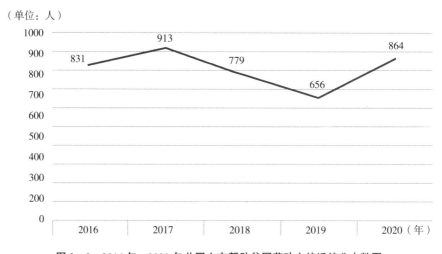

（单位：人）

图 3—2　2016 年—2020 年井冈山市帮助贫困劳动力就近就业人数图

的《建档立卡贫困人口生态护林员选聘细则》，井冈山市制定了选聘工作方案，按照"县建、乡聘、站管、村用"的工作机制，选聘建档立卡贫困人口 1030 人担任生态护林员（图 3—4），护林员管护面积逐年增加（如图 3—5），每人每年获得护林工资 10000 元。建档立卡贫困人口生态护林员政策的出台，及时有效解决了部分贫困群众的收入来源问题，帮助群众实现了家门口就业，为贫困户家庭创造了非常稳定的一笔收入。

三是关于国家储备林基地项目的公益岗位建构。国家储备林基地项目是井冈山市组织实施的造林规模最大、投资额度最大、时间跨度最长的森

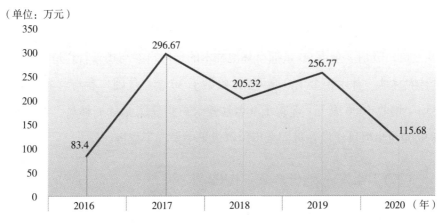

图 3—3　2016—2020 年全年累计发放就业扶贫专岗补贴

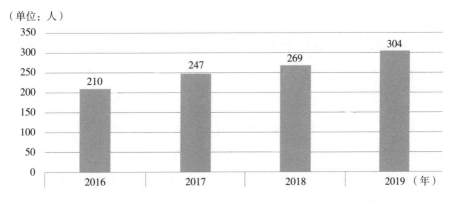

图 3—4　2016—2019 年选聘建档立卡贫困人口担任生态护林员人数

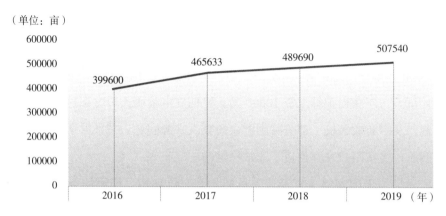

（单位：亩）

图 3—5　2016 年—2019 年建档立卡贫困人口担任生态护林员管护面积趋势图

林资源培育项目。从 2017 年项目实施以来，井冈山市完成国储林项目建设
1.9 万亩，吸纳了全市 90 余拥有林地林木的贫困户参与场外合作造林，已支
付林农林地、林木租金 130 余万元；吸纳了 30 余户贫困户参与营造林务工，
户均年增收 5000 余元；选聘了 9 名红蓝卡户担任国储林护林员，户均年增
收 9600 元；项目建设在巩固全市脱贫成果中发挥了积极作用。

（三）"生态＋光伏产业"优化

2017 年，井冈山市启动"光伏扶贫"建设工程，为脱贫攻坚注入新的
动力。井冈山市从各方筹措资金 5460 万元，由市惠农宝公司负责按 70 万元
/ 村的标准，为全市 78 个"十二五、十三五"贫困村建设村级光伏连村电站
并负责建成投产后的收益管理。一方面，牢牢兜住全市贫困户产业入股资金
的分红。全市红卡户产业入股资金 1400 万左右，蓝卡户产业入股资金 1200
万左右，大部分可以保证 10% 以上分红（光伏的 850 万元收入，如果按照
2600 多万元 10% 的分红，就是 260 多万元，大约还剩 600 万元）。另一方面，
牢牢兜住全市村级集体经济村均 5 万元的分配。2018 年，井冈山市村级转
移支付将到 14 万元 / 村，但村级集体经济 5 万元以上的只占 46%，还有相
当一部分是空壳。井冈山拿出剩下的 600 万元平均分给全市 126 个行政村，

平均每个村可以得到 5 万元左右的收益分配,确保每个村集体经济都有 20 万以上的收入。

2019 年、2020 年该公司从光伏电站发电收入中分别按 5 万元 / 村、6 万元 / 村标准进行分红,确保每个村村级集体经济收入达 5 万元以上。各村收到的光伏电站分红收益由村级统筹安排用于完善村内各项基础设施、发展村级集体经济投入以及给生活贫困群众发放困难补助等方面支出。仅仅一张光伏产业网,实现了全市 126 个行政村的村级集体收入和 3700 户贫困户的入股分红"两个全覆盖",实现了井冈山市所有贫困户入股资金 10% 以上的分红兜底、所有行政村村级集体经济收入在 20 万以上。

三、"绿色式"巩固发展的主要创新

绿色生态是井冈山市最大的优势,实施生态产业扶贫是井冈山市深入贯彻落实习近平总书记关于"井冈山要在脱贫攻坚中作示范、带好头"重要指示的关键举措,是践行绿水青山就是金山银山发展理念的生动实践。2020 年是决胜全面建成小康社会、决战脱贫攻坚的收官之年,井冈山市以成功入选全国第三批"绿水青山就是金山银山"实践创新基地为契机,在习近平生态文明思想指引下,进一步提升生态扶贫成效,为实现"红色最红、绿色最绿、脱贫最好,在全面小康征程中实现跨越发展"奋斗目标而不懈努力。

(一)"绿色式"产业发展必须注重农民主体作用的发挥

习近平总书记提出,脱贫攻坚必须注重激发内生动力,贫困群众既是脱贫攻坚的对象,更是脱贫致富的主体。为激发贫困群众的积极性和主动性,井冈山市采取了"财政投一点,农民筹一点,部门帮一点,乡村出一点,社会捐一点"的"五个一点"机制,完善新时代乡村建设行动的多元化投入机制。比如,在渥田综合示范点,积极探索农民长期受益新机制,推进全民参股的农民专业合作社建设,探索出了"支部扶合作社、合作社促产业、产业

联结农户"的机制和"532"盈余分配模式（资金入股分红50%，土地入股分红30%，村集体经济留存20%），确保农民受益的最大化、长期化。将贫困人口纳入产业发展中，实现贫困主体依托扶贫产业脱贫，扶贫产业依靠贫困主体兴旺，进而让贫困主体依靠自身劳动脱贫，以可行能力脱贫，达成贫困主体的稳定脱贫。

（二）"绿色式"产业发展必须精准致富产业的选择、构建现代农业新体系

在选择发展产业时，根据各村实际，因地制宜地发展特色优势产业（如井冈山市的"一村一策、一村一品"规划，见表3—3），并将其融入主导产业发展之中，提高贫困农户发展产业的差异化、专业化、标准化、生态化水平，并不断做大产业基地，做强龙头企业，做优知名品牌，建构现代农业新发展体系。

表3—3　井冈山市"一村一策、一村一品"规划一览表

乡镇村名	一村一策措施	一村一品产品或服务
拿山镇长路村	知青文化保护与开发	乡村旅游和民宿经济
拿山镇江边村	发展特色种植经济	井冈蜜柚、蔬菜产业化种植
拿山镇胜利村	发展中药材种植	井冈灵芝种植与产业化经营
拿山镇沟边村	特色水果种植	猕猴桃种植与产业化经营
厦坪镇菖蒲村	乡村农家乐	农家乐
厦坪镇厦坪村	民宿与食用菌	平菇种植与产业化经营
黄坳乡石角村	利用好生态发展养蜂	土蜂蜜产业化经营
光明乡汉头村	乡村红色研究	乡村旅游与红色培训
光明乡上七村	发展特色果业	脐橙种植与产业化经营
茅坪镇茅坪村	乡村旅游	高山黄桃及农业休闲
茅坪镇马源村	乡村旅游	民宿与农家乐
茅坪镇神山村	乡村旅游	"糍粑小镇"与民宿

续表

乡镇村名	一村一策措施	一村一品产品或服务
茅坪镇大陇村	乡村旅游	"陇上行"民宿
茅坪镇井水村	特色果业种植	"井魁"猕猴桃种植
茅坪镇坝上村	乡村旅游	民宿与"红军的一天"研学
葛田乡葛田村	特色种植业	葡萄、黄桃种植
葛田乡古田村	乡村研学	农村红色研学
龙市镇大苍村	乡村旅游	民宿与红色培训
龙市镇龙市镇	乡村旅游	红色培训
龙市镇坳里村	休闲农业	农业休闲
东上乡席塘村	养蜂	蜂蜜
东上乡浆山村	乡村旅游	脐橙种植与农业休闲
古城镇古城村	特色种植	柑橘种植
新城镇新城村	特色种植	猕猴桃种植
新城镇黄厦村	特色种植	茶叶种植
柏露乡长富桥村	乡村旅游	民宿与农家乐
柏露乡神源村	特色种植	黄桃与井冈蜜橘种植
碧溪镇三丰村	特色种植	脐橙种植
碧溪镇碧溪村	乡村旅游	民宿与农家乐

（三）"绿色式"产业发展必须培育新型主体

一是按照"扶优、扶强、扶大"的原则，着力培育壮大一批规模大、带动力强的农业龙头企业。在"231富民产业"发展中，围绕茶叶、毛竹、果业，采取"公司＋农户＋贫困户"等模式，大力发展农产品精深加工，延长产业链条。发展了多家资源利用率高、产品科技含量高、具有市场竞争力和一定规模的毛竹和果脯加工企业。同时，整合2—3家规模适度、效益较好的茶叶企业进行重点打造，力争在品种培育、产品开发、销售平台建设上有新的突破。二是按照自愿互利的原则，引导生产要素向种养大户、农民专业合作社、家庭农场集中，采取"合作社（家庭农场）＋农户＋贫困户"的模式，以贫困户土地或产业发展基金入股的形式，让农民专业合作社、家庭农场、种养大户带动贫困户发展产业。

（四）"绿色式"产业发展必须固化利益联结，大力发展村集体经济

采取股份制、联营式、托管式等合作模式，通过吸纳贫困户的资金、土地或劳动力入股等形式参与产业发展，固化贫困户与企业、基地、合作社的利益联结，让资源变资产、资金变股金、农民变股东。比如，拿山镇探索创建"一户一棚"的"基地＋合作社＋贫困户"模式；厦坪镇厦坪村探索创建委托式管理的"龙头企业＋基地＋合作社＋贫困户"模式，让贫困户通过企业或基地与建立市场对接关系，进而增强了贫困户"造血"功能。另外，在土地流转方面，通过奖补政策来强化农户与企业、合作社的利益联结。凡是享受政府产业奖补政策的，都必须兼顾村级集体经济和所有贫困户的收入，必须确保村级集体经济占 10％以上的股份，必须确保所有的贫困户都有股份收入。

（五）"绿色式"产业发展必须坚持产业发展与生态保护并重

"绿色式"产业扶贫，一方面不断改善贫困地区生态环境，另一方面将扶贫产业高质量发展与加快生态建设结合起来，深入挖掘绿色产业扶贫益贫潜力，实现经济社会全面、协调、可持续发展。以持续改善贫困地区生态环境、增强生态屏障功能为核心，以落实生态补偿扶贫、发展生态产业扶贫、促进就业扶贫等重点工作为抓手，大力实施生态保护扶贫工程项目，基本形成功能强大的生态保护体系和优势突出的产业发展体系，逐步迈上可持续的高质量发展之路。

第三节 "红绿相映"：红色文化融合生态产业 实现高质量发展

习近平总书记强调："发展产业是实现脱贫的根本之策。"产业发展是脱贫致富的法宝。井冈山市结合实际，立足红绿辉映优势，经过细心调研和精准把脉，因地制宜地探索出"红绿相映"的发展战略。以红色旅游为依托，以绿色发展为理念，实现业态与旅游"价值链"的成功转换，走出了一条具有井冈山特色的高质量发展之路。

一、井冈山"红绿相映"的产业发展模式总结

（一）做亮红色旅游，扩展产业类型

1.红色旅游类型扩展

井冈山市通过创新红色旅游载体，拓展红色旅游体验方式，在景区旅游的基础上扩展旅游类型。其一，传承红色基因，创建研学基地。井冈山市着力打造"红色研学名村"，建成神山、汉头等红色研学村点22个，引进市场主体16家。其二，做足红色文章，开发红色民宿。比如，龙市镇大仓村，利用"大仓会见"旧址，依托丰富的红色资源和优美的自然风光，通过引进旅游公司，开拓特色民宿产业。其三，盘活红色遗存，拓展红色培训。马源村的红军小道等红色旧址保存完整。将红色资源优势转化为新的教学资源，自主研发"引兵井冈"等课程，打造红色培训、研学旅行品牌。其四，还原红色情境，创新红色文化体验。通过观看大型实景演出、实地红色演练，在坝上村体验"红军的一天"，在沃土胜境的研学基地参与"朱毛会师"和"黄洋界保卫战"等情景还原的实践活动，丰富游客红色文化体验。

2.红色旅游产业链延展

一方面，红色旅游与绿色康养结合。井冈山依托自然资源、人文资源，按照宜游则游的原则，主动融合全域景区建设，在有条件的乡镇及村组积极开发养生度假等乡村旅游特色产品。另一方面，红色旅游与体育赛事结合。黄坳乡在毛泽东旧居等红色资源的基础上结合国际山地自行赛事举办、休闲绿道吸引大量游客。

（二）坚持绿色发展，延伸生态农业产业链条

绿色是井冈山的底色，更是最大的资源。为此，井冈山市在传统农业中通过引入现代农业模式，延伸了生态农业产业链条。一是发展新型农业业态。大力引入民营企业，打造黄桃、茶叶、猕猴桃、井冈蜜柚、奈李等富民产业基地。此外还有拿山草莓基地、黄坳乡百香果园、井冈林芝种植等多种新型业态。二是开发观光现代农业。引入寿光九丰农业科技有限公司，打造高科技农业博览园，采用现代农业生产方式，不需要土壤就可生产，形成生产、生态观光为一体的现代农业。三是拓展农事体验农业。沃土胜境将农事体验与研学融合为一体，参与研学的学生可学习各类农具的使用并实地进行农作物种植或采摘。

（三）红绿结合，打造新的产业业态

1.红色旅游与生态旅游结合

其一，红色旅游与自然生态资源结合。著名的柏露会议发生地井冈山柏露乡是井冈山植被和生态保存最好的乡镇之一，为此，井冈山利用柏露乡红色旅游和绿色资源优势，打造田园综合体，将美丽风景变成美丽经济。其二，红色资源与绿色种植业结合。比如大陇镇在挑粮小道山脚成立陇上行产业园发展黄桃基地。

2.红色旅游与乡村旅游结合

其一，点线面全域旅游模式。红色资源丰富的柏露乡依托独特山水优势引入康辉集团发展乡村旅游，项目从坳下至黄洋界出口，串点成线，连线成面，形成全域景观，带动全乡发展。其二，红绿深度融合模式。大陇镇案山村，结合井冈山斗争时期红色墟场打造了"红墟坊"，开发了毛公九大碗菜品，使得红色文化与绿色生态深度融合，空心村变身为精品旅游村。其三，业态转换模式。刘家坪通过高标准打造"红军文化村"，退出污染环境的生猪养殖业，红色旅游业态进驻，既解决就业问题，又解决环境污染问题。

3.红色旅游与体验农业结合

"红色吸引人，绿色留住人"，茅坪镇马源村通过开发出红色培训教学点吸引游客，同时开发多类型的体验农业留住人。有野菜园、百果园、莲花池、黄桃产业园，可体验采摘、自制午餐等活动，摸鱼、插秧也成为了马源村的特色体验项目。在红色研学基地，学生既能感受红色教育，又可学习使用各种农具，亲历劳动过程，体验农耕文化。

二、井冈山"红绿式"融合发展的主要创新

井冈山市红绿辉映的融合发展模式，不仅对革命老区，而且对其他地区开发扶贫产业、乡村振兴中的产业发展都具有借鉴意义。考察"红绿式"融合发展的实践，可以得到以下几点创新。

（一）因地制宜，以红绿结合形成持续增收、产业兴旺的内生力

2016年7月在宁夏考察脱贫攻坚工作时，习近平总书记强调："要因地制宜，把培育产业作为推动脱贫攻坚的根本出路。"因地制宜是保持产业可持续发展的内在动力。为避免产业发展中因盲目跟风导致的同质化问题，井冈山结合红色旅游绿色生态优势，针对红色资源较为丰富村镇，深度挖掘红色底蕴，打造红色培训、红色旅游全国品牌，把红色培训和乡村振兴、旅游

产业布局、脱贫攻坚有机结合，打造全域旅游，实现红色旅游和农民增收双向并举。同时立足本地资源、旅游优势和产业基础，加大产业扶持力度，形成"一乡一业，一村一品"产业发展新格局。在产业发展基础上，井冈山市因地制宜创新产业增收全覆盖机制，拿山农旅深度融合发展模式、柏露全域旅游模式、茅坪新城"231"致富产业带动模式等，实现贫困户可持续增收。

（二）生态可持续，以红绿互动构筑率先脱贫、全面小康的发展力

2020年4月，习近平总书记在陕西考察时指出，"脱贫摘帽不是终点，而是新生活新奋斗的起点"。井冈山市坚持"红色引领，绿色崛起"理念，在红绿互动中形成绿色的、生态的、可持续发展的产业业态。一是资源可持续。一方面红色资源具有内在可持续性。井冈山的历史留在人们的记忆中，对井冈山历史的不断挖掘可以不断丰富红色资源内涵。另一方面，绿色资源具有可持续性。生态资源具有可持续性，绿色农业本身也具有可持续性。二是绿色生态无污染。井冈山市结合生态资源发展高效生态农业，通过林下经济、种养结合等方式，完成生态资源的经济和生态价值双向转化。在生产过程中也实现绿色可持续，比如井冈蜜柚使用秸秆发酵制作的有机肥，九丰农业用生物防病虫害而非用农药，实现生产过程环保。三是效益叠加可持续。井冈山市以优质自然风光为依托，发展绿色生态产业，将红色旅游与绿色资源有机结合，把优质的生态环境变成能长期增收的产业，在此基础上拓展产业延长产业链条，促进产业融合发展，实现效益叠加。

（三）"红绿相映"形成助脱贫、防返贫、接振兴、促发展的引领力

"十四五"时期经济社会发展要以推动高质量发展为主题。井冈山市通过助脱贫、防返贫、接振兴、促发展四个阶段探索产业发展路径，走出了一

条井冈山特色的高质量发展之路。

第一, 产业发展助推脱贫攻坚。产业发展最初目的是脱贫攻坚, 但脱贫攻坚不是最终奋斗目标, 最终目标是让人民过上更加美好的生活。第二, 产业造血巩固拓展脱贫成果。井冈山市通过大力发展 "茶竹果" 富民产业, 引导贫困群众以资金、土地、劳动力等参与产业发展, 带动贫困户户均增收 1500 元以上。第三, 产业兴盛衔接乡村振兴。乡村振兴首先是产业振兴。井冈山市通过红绿式融合发展, 将贫困户与旅游产业链精准挂钩, 实现旅游发展与乡村振兴有效对接。第四, 高质量的产业支撑高质量发展。井冈山市通过红绿融合发展, 丰富产业类型、延伸产业链, 形成了生态可持续高质量产业业态。在新发展阶段, 坚持可持续、高质量的新发展理念, 形成了新的产业发展格局。

经过艰苦卓绝井冈山斗争, 井冈山成为了中国革命胜利的起点; 在全国实现了率先脱贫 "摘帽", 井冈山成为了全国全面奔小康的新起点。井冈山市努力实现 "红色最红、绿色最绿、脱贫最好", 在革命老区高质量发展上探索经验、作出示范, 在全面小康征程中实现高质量跨越发展的 "三最一跨" 奋斗目标!

第四章 "合力攻坚"：政治优势凝聚帮扶发展资源

　　坚决打赢脱贫攻坚战是中国共产党带领人民实现全面小康、民族复兴、国家现代化的重要一环。脱贫攻坚是一项系统工程，需要党委领导、政府主导、市场参与、社会支持，以此形成扶贫开发大格局。脱贫攻坚以来，井冈山市依托科技部定点帮扶优势、抓住军队反哺老区建设契机、借助社会力量帮扶山区的坚定决心助推井冈山市高质量发展，带领老区人民共赴全面小康。井冈山市以独特的政治优势，汇聚社会帮扶资源，形成合力攻坚态势，实现率先脱贫"摘帽"。为开启乡村振兴新篇章夯实了基础，做足了准备条件。

第一节　科技扶贫助推井冈山稳定脱贫

　　定点扶贫是中国特色扶贫开发事业的重要组成部分，也是中国特色社会主义的政治优势和制度优势的重要体现。三十年来科技部定点帮扶井冈山，充分发挥科技在精准扶贫、精准脱贫中的支撑引领作用，通过组建"四级联动"机制、助力产业发展、注重科技人才支持、建强创新平台，助推井冈山稳定脱贫，夯实脱贫发展根基。

一、科技部定点帮扶井冈山的发展历程

1986 年，国家科委提出"科技扶贫"，时任国务委员、国家科委主任宋健同志在写给国务院的《考察大别山区汇报提纲》中明确提出："应把科技开发大别山作为山区脱贫致富的一条重要方针突出出来。"这份报告经国务院办公厅转发，科技扶贫的序幕由此拉开。1988 年 12 月，时任国家科委顾问谢绍明同志带队赴井冈山考察后，国家科委、民政部和江西省人民政府联合在吉安市召开"井冈山科技扶贫座谈会"，共商依靠科技摆脱贫困之大计，确定把井冈山列为推广大别山经济开发科技扶贫成功经验的试点区，走科技致富之路。

为落实党中央、国务院的总体部署，1989 年以来，科技部先后向井冈山选派了 30 批 67 名科技扶贫干部，在井冈山市开展科技扶贫工作。具体分两个阶段，1989 年至 2001 年，科技部向井冈山地区选派扶贫团，主要在井冈山市、原宁冈县、永新县、遂川县、莲花县开展科技扶贫工作；2002 年，井冈山被科技部列为全国重点科技扶贫县（市）后，科技部开始每年都选派优秀干部到井冈山挂职，并先后挂职担任井冈山市委副书记、副市长或市长助理等职务，每年安排科技扶贫专项资金 100 万元，发展地方产业。特别是党的十八大以来，科技部认真贯彻落实习近平总书记重要指示精神和中央脱贫攻坚系列重大决策部署，把做好定点扶贫工作作为中央赋予的光荣任务和政治责任。从 2016 年开始，科技部将井冈山定点帮扶资金由每年 100 万元提高到每年 1000 万元，并积极协调中西部经济发达地区对接帮扶井冈山，在资金、项目、人才、平台建设等方面加大了帮扶力度。2017 年，科技部又将井冈山列为首批国家创新型县（市）建设名单，成为江西省唯一一家入选的国家创新型县（市）。2017 年 2 月 26 日，井冈山市宣布在全国 592 个国家级贫困县中率先脱贫摘帽，井冈山市脱贫"摘帽"，凝聚了科技部和历届科技扶贫干部对井冈山的深情厚意和大力支持，是科技扶贫的重大成果。

二、科技部定点帮扶井冈山的主要做法

三十年来科技部在井冈山市积极开展科技扶贫工作，尤其是脱贫攻坚以来科技部利用科技优势，采取一系列行之有效的举措，助推井冈山脱贫发展。具体体现在：

一是组建科技扶贫"四级联动"机制。按照科技部党组创新扶贫工作机制的统一部署和要求，建立部、省、市、县四级科技管理部门抓科技扶贫的联动机制。分批选派组建江西省科技扶贫团，团长由科技部对口帮扶司局的司局长轮流担任；成立科技扶贫团井冈山执行团，由四级科技管理部门各选派 1 名挂职干部和若干优秀科技特派员组成，团长由科技部选派并挂职井冈山市委副书记、副市长职务。此外，结合井冈山市现代农业产业发展科技需求，从江西科技特派团中遴选了 6 名专家作为执行团团员，分别挂职井冈山六个乡镇的党委委员和乡长助理。扶贫团组织专家编制了井冈山"十三五"《科技扶贫规划》，井冈山国家创新型县（市）建设实施方案，推动实施"一县一策"，完善井冈山市科技创新体系建设。

二是聚焦产业，突出科技精准扶贫。围绕井冈山"231"富民产业发展，以推动产业扶贫、创业扶贫为抓手，重点扶持茶叶、毛竹、果业、食用菌、水产养殖、设施蔬菜等"六大"科技扶贫主导产业。据统计，2016 年以来，科技部累计投入中央引导地方科技发展科技扶贫专项和蓝色粮仓重点研发专项项目 25 项，项目资金 5530 万元，累计带动贫困户 1800 户，户均增收 3800 元。建立了茶竹果、设施蔬菜、食用菌、水产养殖等一批特色种养殖示范基地，培育了一批农业龙头企业、一批科技示范基地、一批科技示范户和致富带头人，以创业带动产业发展，以产业发展带动建档立卡贫困户精准脱贫，推动了由"输血式"扶贫向"造血式"扶贫转变；先后引进了红美人柑橘、黑茶、紫茶、金观音、锦绣黄桃、法兰地 2 号草莓、咖啡、可可、香草兰等新品种 32 个；推广了竹腔施肥、沼渣标准化栽培食药用菌技术、稻

虾连作、整枝吊蔓、猕猴桃病虫害防控等新技术，引导和鼓励温室大棚、滴灌、水肥一体化等农业现代化设施建设，逐步形成科技扶贫产业集群。

三是加强协作扶贫，实现精准对接。科技部积极动员组织东部地区发达省份与井冈山市开展对接帮扶。如协调江苏省科技厅帮助井冈山茶厂建设农村科技服务超市井冈山茶产业分店，安徽农业大学在井冈山茶厂茶博园建立茶产业试验站，南京农业大学新农村发展研究院在八角楼农业科技园建立井冈山工作站，江西农业大学在八角楼农业科技园建立猕猴桃工作，山东寿光九丰农业发展有限公司在井冈山建立高科技农业博览园；协调中国农业科学院郑州果树研究所与井冈山签订合作协议，共建特色果业联合实验室，建立新品种、新技术示范基地，开展技术咨询和服务，培养实用技术人才；协调福建农林大学、国家菌草工程技术研究中心，在井冈山井祥菌草科技有限公司建立了"国家菌草工程技术研究中心"和"菌草综合利用开发技术、国家地方联合工程研究中心"示范基地。依靠科技创新做强做大企业、助推扶贫，为建档立卡贫困户提供岗位 50 多个，带动 500 多贫困农户增收。井冈山瓯峰农业科技有限公司，依托江西省农科院蔬菜产业科技特派团建立芦笋种苗培育基地，打造井冈山绿色有机品牌，累计培训农户 200 多户，带动 86 户贫困户脱贫。据统计，2016 年东西协作帮扶机制建立以来，科技部协调中西部经济发达省份对接帮扶井冈山资金 1000 多万元。

四是志智双扶，注重科技人才支持。根据科技部等 5 部门印发的《边远贫困地区、边疆民族地区和革命老区人才支持计划科技人员专项计划实施方案》（国科发农〔2014〕105 号），结合产业发展科技需求以及贫困村产业现状，江西省科技厅从全省大专院校选派了 50 多名专家组建了果业、茶叶、蔬菜、水产和现代农业 5 个科技特派团，特派员专家与井冈山市 35 个省级贫困村建立了一对一结对帮扶机制，培养了一批农村实用乡土人才，帮助企业和贫困村解决生产过程中的技术难题，实现了井冈山优势主导产业和科技特派员帮扶贫困村全覆盖。其一，成立井冈山生态经济院士专家工作站。聘任中国科学院院士、中科院生态环境研究中心研究员、学术委员会主任傅伯杰和长江学者特聘教授刘彦随在站工作。重点开展井冈山生态系统服务功能及价值体系标准的构建及其评价研究，林下特色经济发展模式研究，生态农业产业的发展及价值提升研究。其二，组建科技特派团。继续加强果业、茶叶、蔬菜、水产和现代农业5个省科技特派团建设，围绕"茶竹果"等主导产业和贫困村产业发展技术需求，累计培训种养大户、龙头企业负责人和乡镇干部500多人，从本地乡土人才和实用技能人才中遴选组建8个市级科技特派团，力争做到"一个产业一个特派团"健全"市—乡（镇）—村"三级科技推广服务网络，有针对性地帮助企业、农民及贫困户解决生产过程中的技术难题。培育新型农业经营主体，充分利用"新型职业农民培训""科技特派团富民强县工程特色产业培训"等省、市、县各级培训机制，有针对性地对"家庭农场、专业大户、农民合作社、龙头企业"等新型经营主体开展专业技术培训，培育新型农业经营主体1000余户。其三，集聚创新创业人才。发挥企业家在科技扶贫中的关键作用，营造有利于创新型企业家发展的良好环境。每年引进科技领军人才、高技能人才、专业技术人才6人以上到科技园区开展创业服务。积极引导高校毕业生返乡就业创业，推进农村大众创业、万众创新。积极发挥乡土人才等农村实用人才作用，提升井冈山人才集聚和创新管理服务能力。

三、科技部定点帮扶井冈山的主要成效

科技部三十年如一日的帮扶，通过国家星火计划、富民强县、科技支撑计划、重点研发计划定向支持定点扶贫县、中央引导地方专项等项目支持井冈山市建设，累计资金上亿元，为其脱贫攻坚注入强大力量，科技扶贫成效显著。

一是直接带动井冈山人民增收。2013年，井冈山市国家农业科技园八角楼园区被科技部批复为国家级农业科技园区，是当时全国唯一一个县级国

家农业科技园。经过 7 年的建设，引进入园企业 22 家，辐射带动特色农业产业基地 100 余个、面积 42 万亩，带动发展专业合作社由 55 家增加到 376 家，带动周边农户 6000 余户，实现户均增收 1 万余元，已成为井冈山生态农业科技应用的展示窗口，现代农业技术集成创新的转化器。

二是激发井冈山干群内生动力。科技部培育了井冈山高科技农业博览园、江西井冈山茶厂、井祥菌草有限公司、华富畜牧有限公司、鹏浩农业发展有限公司等一批农业龙头企业，建立了大棚蔬菜、葡萄、草莓、猕猴桃、芦笋、冷水鱼、"稻虾共作"等一批科技示范基地，培育了一批科技示范户和致富带头人。通过科技扶贫，针对井冈山突出存在的科技和人才短板，把"扶志"与"扶智"有机结合起来，开展创业式扶贫，激发了井冈山干部群众的创新创业热情，提升了贫困群众技能素质，增强了内生发展动力，以创业带动产业发展，以产业发展带动建档立卡贫困户精准脱贫。

三是推动井冈山农业现代化发展。井冈山高科技农业博览园，是由科技部引领打造，井冈山市人民政府和寿光九丰农业科技有限公司合作建设的重大科技扶贫项目。博览园 2017 年 8 月 15 日签订协议并开工建设，主要通过科技部中央引导地方科技发展专项资金支持，累计投入资金 3.2 亿元，其中，中央引导地方科技专项 3100 万元。建成 6 万平方米的亚洲最大智能观光大棚，16 万平方米连栋生产大棚、5000 平方米的育苗中心和 1200 平方米的培训中心。种植大棚配备遮阳系统、顶部自然通风系统、生物杀虫系统、自动水肥一体化系统、蔬菜种植吊蔓系统等国际先进种植技术，示范种植樱桃西红柿、迷你南瓜、巨型南瓜、风铃彩椒、阳台植物、龙凤瓜、象牙茄子等360 多个新奇特蔬果品种。年生产优质蔬菜 2000 万公斤，年培育蔬菜种苗1000 万株，年培养蔬菜种植技术人员 2200 多人，实现年产值 5500 万元以上，直接解决 350 个农民就业，示范带动周边蔬菜种植 5 万亩，帮扶贫困户120 户，年户均增收 1 万元以上。井冈山高科技农业博览园是鲁赣协作推进井冈山科技扶贫的一项重大成果，成为东西协作共建的典范，是井冈山加快发展现代农业的标志性工程，也是开展科技精准扶贫帮扶结对的有力实践。

第二节　军队帮扶反哺老区建设

2015 年 12 月，习近平总书记在对中央单位定点扶贫工作作出的批示中指出："党政军机关、企事业单位开展定点扶贫，是中国特色扶贫开发事业的重要组成部分，也是我国政治优势和制度优势的重要体现。多年来，各有关单位围绕定点扶贫做了不少工作，取得了积极成效。"井冈山是中国革命的摇篮，也是中国军队的摇篮。精准扶贫精准脱贫以来，为加快老区发展步伐，做好老区扶贫开发工作，军区部队积极投身老区扶贫开发事业，在老区打赢脱贫攻坚战中争当勇挑重担的生力军，助推老区农村贫困人口尽快脱贫致富，确保老区人民同全国人民一道进入全面小康社会。

一、"三联"活动走出军民融合发展之路

为贯彻落实习近平总书记"做好军民融合式发展这篇大文章"和"绝不能让一个苏区、老区掉队"重要指示，2013 年 11 月，原南京军区倡导的"联学创新理论、联创先进组织、联建文明建设"活动在井冈山拉开了序幕后，井冈山市人武部得以与上海市长宁区、江苏省海门市、浙江省绍兴市柯桥区、福建省福清市、安徽省巢湖市、江西省贵溪市人武部等 6 地结成了对子，共同开展"联学联创联建"活动。2015 年 10 月，为进一步提升"三联"活动的成果，在原南京军区的统一部署下，江苏省张家港市、浙江省义乌市、福建省石狮市等三地又先后加入了"三联"活动。军队通过开展"联学联创联建"活动，真情实意推进井冈山老区建设，反哺回报老区人民。2019 年张家港市人武部出台《关于与井冈山市继续开展友好结对的方案》，并且两地人武装和退役军人事务局四方携手，签订"情系革命老区关爱革命功臣"合作协议，设立"百名革命功臣家庭关爱基金"，为井冈山革命英烈家庭帮

扶解困。

为扎实推进"三联"活动的各项工作，在工作机制上，成立由市委书记任组长，市长任第一副组长的联学联创联建活动领导小组，并抽调精干力量组成"三联"办，专门负责活动的统筹协调。在活动的推进调度上，采取"对接乡镇一周一调度，挂点领导半月一协调，分管领导一月一汇报"制度。在活动督查考评上，将"三联"工作列入全市重点督查内容，要求"三联"办定期督查，适时通报，对推进不力、进展缓慢的联建点乡镇进行问责督办。在活动的协调机制上，注重加强科学筹划，积极向原南京军区汇报活动情况，高度重视实地需求，因地制宜、向各联建单位写出可行性报告，进行项目规划认证，加强与各"三联"单位的项目对接沟通，征求军地双方意见，共同谋划活动计划及项目实施方向。特别是在"三联"活动工作方案的制定、具体事项的推动、困难问题的解决上，军地双方经常互相协商、共同酝酿，形成迅捷的协调机制，确保了系列工作的高效推进。"三联"活动启动后，江西省军区也先后派遣24批次、248人次到井冈山扶贫，子弟兵不辞辛苦，进村入户，调查研究，帮扶援建，给井冈山的百姓送去了党的温暖和子弟兵的深厚情谊。广大官兵积极帮助群众发展生产，大力改善生产条件，帮助引进资金、技术和人才，大力发展农村教育事业，加快农村产业结构调整步伐，促进乡村文明建设，真正做到把群众关心的、需要解决的问题办好、办实。

活动开展以来，军地双方牢记习主席"永远不忘老区、永远不忘记老区人民"的政治嘱托，把"三联"活动当作反哺工程、感恩工程、民生工程，深入促进活动有序开展。结合井冈山"党员干部进村户、精准扶贫大会战"的活动，市人武部党委积极协调、主动作为，自觉当好沟通协调的联络员、传递信息的通信员、保障活动的服务员、日常工作的办事员、深入一线的战斗员、"三联"工作的督查员，推动9个"三联"单位先后派出干部22批次128人次，深入乡村进行调研，因地制宜筹划联建方案，对结联建援建项目，共帮扶援建项目 90 个、帮扶资金 1.0485 亿元，加快了井冈山市脱贫攻坚的步伐，走出了一条军民深度融合发展的实践之路。

二、"三联"活动结出丰硕成果

"三联"活动启动后，军地各方积极对接，迅速落实，各援建单位始终坚持从百姓最关心、最直接、最现实的利益问题入手，在百姓紧要处发力，让百姓共享联建成果，以高度的责任感和使命感推动活动取得实效。在军地双方的共同推进下，注重协调对接，"三联"活动取得了丰硕的帮扶援建成果，有力助推了井冈山市经济社会发展。

一是项目建设扎实推进。第一批 6 个"三联"单位先后投入 4600 多万元资金，实施了 40 余个项目，长宁园、长宁路、福清连心桥、福清爱心公寓、海门山地人家、巢湖广场、老年活动中心、教学楼、晟街等一大批路桥、安全饮水、镇村联动、环境改造方面的基础设施工程如雨后春笋般迅速建成，使老区群众的生产条件、生活环境得到显著改善。第二批 3 个单位在启动"三联"活动后，立即组织考察团来山对接"三联"活动，通过调研进一步明确帮扶项目。江苏省张家港市援助 1000 万元资金帮助古城镇建设、路桥建设、脱贫攻坚、产业发展等 10 个民生项目。福建省石狮市援助 600 万元资金帮助鹅岭乡开展民生和基础设施建设、产业发展等 5 个项目。浙江省义乌市援助 450 万元资金帮助黄坳乡开展民生基础设施、产业发展、劳务输出等 4 个项目。

二是产业发展成效显著。各"三联"单位以产业扶持为重点，不断增强井冈人民的自我造血能力，累计扶持当地群众发展猕猴桃、高产油茶、井冈蜜柚等富民产业 1800 余亩，发展娃娃鱼养殖户 70 户。更难能可贵的是，各"三联"单位不仅在资金上对产业进行扶持，更依托自身发展优势，为井冈山市免费提供技术支持，加快井冈山市产业升级步伐，利用各自的渠道优势帮助农户拓宽农产品销路。其中井竹青集团得到绍兴会稽山酒业帮助，成功改进了红米酒酿造技术，拓展了企业发展空间，为井冈山市米酒产业发展增添了新动力。

三是民生工程深入民心。各联建单位纷纷在井冈山设立爱心教育基金，帮助贫困学生圆了"大学梦"。长宁区为井冈山第二人民医院捐赠了一批价值400万先进医疗设备，使老区群众在家就能享受到大城市的医疗水平。福清市在下七乡盖起了爱心公寓，使下七的深山移民仅花1.5至2万元就能住进90平米的新房。海门市筹资120万元援建了茅坪乡"海门小道"，福清市筹资200万元援建了下七乡光明桥，张家港援建了古城镇山背至鲇上公路桥和车头桥。据不完全统计，各援建单位先后投入资金2000余万元，实施20个交通项目，直接受益群众达6万余人。

四是联创作风激人奋进。各联建单位领导经常轻车简从深入田间地头，详细了解和掌握当地群众困难诉求。他们吃苦耐劳、扎实细致的敬业精神，实事求是、深入一线的务实精神，服务老区、支持老区不求回报的奉献精神，激发了群众自力更生、艰苦奋斗、苦干实干、加快发展的信心和意志。联建单位在经济发展、城市建设和管理上带来的好经验、好做法、好作风，更是激发群众努力奋斗的积极因素。

五是基层组织不断夯实。"干部联村、党员联户、牵手帮困"活动，进一步加强了联建双方基层党组织的帮扶共建。长宁区组织10个街（镇）党组织与龙市镇7个村（社区）党组织进行结对帮扶；上海市长宁区委党校与井冈山市委党校、凝聚力工程博物馆与井冈山革命博物馆还进行了结对共建；福清市连续两年派出领导干部到井冈山市挂职锻炼，掀开了两地共同培养干部、锻炼干部的新篇章。2018年11月，上海市长宁区10个街（镇）与龙市镇7个村（社区）签订新一轮联建协议。

军队帮扶井冈山以"三联"活动为载体，不仅创造老区经济社会发展的奇迹，也开创军民融合深度发展的新理念、新思维、新实践。"三联"活动为军地深度融合打造了样板，为老区脱贫攻坚增添了活力，为区域合作共赢搭建了平台，真正推动老区在新时代高质量发展。

第三节　社会力量扶助山区脱贫发展

2015 年 11 月，习近平总书记在中央扶贫开发工作会议上的讲话中指出："调动各方力量，加快形成全社会参与的大扶贫格局。'人心齐，泰山移。'脱贫致富不仅仅是贫困地区的事，也是全社会的事。要更加广泛、更加有效地动员和凝聚各方面力量。"井冈山市作为中国革命的摇篮，在革命年代做出了巨大牺牲。在脱贫攻坚过程中，为了促进革命老区、贫困山区发展，社会各方面力量汇聚井冈山，为井冈山带来新活力，帮出新面貌，扶助山区脱贫发展。

一、国企帮扶：打牢乡村发展基础

产业兴旺是实现脱贫的根本之策，要因地制宜，把培育产业作为推动脱贫攻坚的根本出路。2015 年 11 月，习近平总书记在中央扶贫开发工作会议上强调："承担定点扶贫任务的中央企业，要把帮扶作为政治责任，不能有丝毫含糊。守望相助、扶危济困是中华民族的传统美德。"江铜集团发挥自身优势，定点帮扶曲江村，壮大村集体经济，助推山民脱贫发展。

其一，党建引领扎根基，村集体经济实现"从无到有"。一是建强堡垒凝共识。第一时间抓党支部班子建设，增强村两委班子的战斗力。组织上选派江铜集团干部叶维祝担任村党组织"第一书记"。二是争取资金夯基础。村"两委"一班人，在叶维祝的协调沟通下，积极向江铜集团争取资金开展基础设施建设，从饮水工程到道路工程，从休闲文化广场到文化活动中心，五年来建设整治水渠 3.3 公里，新修入户道 4.3 公里，完成主干道绿化、小型停车场、村民心景园和河道整治等建设，实现了家家通水、户户通路的变化。

其二，特色产业促发展，村集体经济实现"从有到优"。2017年，曲江村立足本村实际倾力打造特色产业，使村集体经济打开"从有到优"崭新局面。一是立足特色选产业。利用本村土壤肥沃、水资源丰富且水质条件好的优势，大规模发展白莲产业。2018年争取江铜产业扶持20万元，吸纳村民入股5.8万元，流转贫困户土地102亩，成立白莲合作社，全年白莲收入达20余万元。2019年积极寻找省外莲子种植基地，提供莲苗技术、流转资金并负责收购，实现了更大的收益，全年白莲收入达90余万元。二是企业理念强管理。村集体和农户以土地承包经营权、资产、资金等按保底分红的方式参股经营"井冈山德心农业服务专业合作社"，推行"党支部＋基地＋合作社＋农户"管理模式。三是拓宽市场找销路。产业发展，销路是关键，为解决销路问题，一方面，"两委"班子和第一书记自力更生，亲自带着莲子样品到浙江、福建、九江等地跑市场找客户；另一方面，积极寻求帮扶单位江铜集团的帮助将白莲销往江铜集团全国各地的下属单位。

其三，多措并举稳增收，村集体经济实现"从优到久"。积极打造一支不走的扶贫队伍，帮助村集体经济实现"从优到久"。一是种植技术留给农户，通过召开培训会形式将白莲种植技术传授给农户。二是经营理念留在当地。通过日常强化股份合作、经营管理方面的理论学习和实践操作，使"两委"班子和村级后备干部将经营理念入脑入心、运用自如。三是"死资源"变"活资源"。由于曲江村交通不便、发展空间有限，两委班子和第一书记决定对集体资产进行资产经营，发展"飞地经济"，采取异地购置商铺方式，提升资产附加值，使集体经济有长期稳定收益，让"死资源"变成"活资源"。

二、民企助力：注入老区发展活力

"加大产业带动扶贫工作力度，关键是要激发企业到贫困地区投资的积极性，使企业愿意来、留得住。"脱贫攻坚以来，井冈山市加大民企力量参与井冈山脱贫攻坚的力度，汇聚非公企业，凝聚统战力量，为全山的脱贫发展带来了新活力。

首先，开展调查研究，保障精准扶贫。没有调查就没有发言权，统战部组织党外干部深入村组、企业调研，掌握本地经济特点和可以为开展外引内联服务的统战对象基本情况，以及井冈山籍在外地工作的人员资料。确定扶贫工作重点，为开展扶贫工作奠定基础。通过走访调研，对井冈山市的经济特点、生产条件、资源情况和统战对象资料了然于胸，确定工作的着重点和开展外引内联的工作方向，当好党委政府的参谋，服务好贫困村、贫困户脱贫致富。

其次，加大宣传力度，推动精准扶贫。通过组织召开无党派人士、非公经济人士、乡贤人士座谈会，悬挂横幅，制作板报，利用井冈山广东商会、外出务工井冈山籍同乡会微信群、手机短信等媒体，加大精准扶贫宣传力度，提高扶贫工作在统一战线各界人士中的知晓率。树立脱贫致富代表人物典型，对各条战线涌现出的先进典型进行表彰，用他们的例子去教育贫困群众，增强说服力和实效性。通过在统一战线各界人士中宣传，对各条战线涌现出的先进典型进行表彰，切实营造脱贫攻坚浓厚氛围、凝聚各条战线正能量。

最后，发挥智力优势，夯实精准扶贫。统一战线有人才荟萃的优势，在非公经济领域，教育引导他们积极投身光彩事业和社会公益事业，与贫困村、贫困户进行结对帮扶，带动贫困群众在当地实现就业，服务脱贫攻坚，体现自身价值。2015 年 9 月，井冈山市率先号召非公有制企业参与精准扶贫大会战，成立了井冈山市"百企帮百村"工作领导小组，组长由统战部副部长、工商联党组书记任组长，成员由工商联与扶贫办两个单位组成，负责收集汇报工作情况，指导工作开展。同时，成立了"党员干部进村户、精准扶贫大会战"指挥部办公室，统战部、工商联下发了关于《非公有制经济企业参与精准扶贫大会战工作实施方案》的通知。井冈山市立足广大非公有制企业突出自身特点，发挥企业优势，因企因地制宜，在帮扶上突出优势，推动发展一批特色产业，解决一批贫困户劳动力就业，落实一批公益捐赠项目。建立"百企帮百村"微信群，以便企业与企业，企业与挂点村交流。"百企帮百村"活动在具体举措上：一是技术帮培，产业拉动。根据各乡村的自然地理情况，发展特色产业，带动当地农民脱贫致富。二是基础设施，出钱出力。民营企业在井冈山市、乡（镇、场）、村出钱出力积极参与基础设施建设。三是整体规划，注重长远。各民营企业到其定点挂点村开展调查研究与乡村干部及部分村民座谈，制定脱贫计划，签订扶贫协议，同心同行，共进共退，脱贫致富路上携手同行。现已有 78 家企业帮扶 71 个行政村，已实施帮扶项目 26 个，项目资金已达 2000 多万元；已解决就业 3500 人；已到位帮扶资金近 3000 万元。

脱贫攻坚是全面建成小康社会的底线目标，民营企业是打赢脱贫攻坚战的重要力量。在精准扶贫精准脱贫过程中，民营企业以社会责任为重，成为中国脱贫攻坚战中的重要一员。井冈山市注重广泛动员民营企业参与扶贫开发事业，汇聚社会各方面力量，为脱贫发展注入新活力，使其呈现出欣欣向荣的新面貌，充分彰显了社会主义制度的优越性，也推动了非公经济的健康成长。

三、社会援助：阻隔老区代际贫困

习近平总书记在河北省阜平县考察扶贫开发工作时指出："下一代要过上好生活，首先要有文化，这样将来他们的发展就完全不同。义务教育一定要搞好，让孩子们受到好的教育，不要让孩子们输在起跑线上。古人有'家贫子读书'的传统。把贫困地区孩子培养出来，这才是根本的扶贫之策。"井冈山市大力实施好教育精准扶贫，让每一位建档立卡贫困户学生至少享受一种以上社会资助，着力构建覆盖全市所有贫困家庭的扶智脱贫工作机制，唤醒社会公众力量全面参与教育精准扶贫。

一是积极拓展社会爱心人士及团体加大对井冈山贫困学子的资助力度。全市各类社会助学项目近 50 种，资助人数近千人，每年资助金额超百万元，其中受助建档立卡贫困户学生超 400 人次，年帮扶金额达 40 余万元。比如从 2015 年起，湖南炎帝生物工程有限公司与井冈山市签订"百年树人"公益助学协议，一口气资助井冈山 300 名贫困生，每人每月 250 元直至完成学业，其中建档立卡贫困户学生 160 余人；深圳游友爱心援助自 2011 年以来五年如一日资助井冈山 200 多名贫困学子每人每年 1200 元。中共江西省委一名共产党员用其著作稿费在井冈山市设立"信念助学奖励基金"，每年奖励品学兼优的 9 名应届高中毕业生。

二是积极吸引各类团体加大对井冈山市优秀教师的奖励与帮扶。为促进井冈教育发展、激励井冈教师学生成长成才，社会各界出资在井冈山设立了诸多教育教学奖励金，比如井冈山（广东）同乡会奖，自 2012 年以来至今每年拿出 10 万元褒奖家乡教育系统优秀人才（"优秀校长""十佳园丁""教坛新秀""师德标兵""教研先锋""明星班主任"），鼓励优秀教师扎根家乡献身教育事业，同时引领其他教师专业成长。

三是以"强校＋弱校"及"1+N"的模式积极争取全国各地各级各类名优学校加大对井冈山薄弱学校的结对帮扶。积极争取各级各类名优学校加大对井冈山薄弱学校的结对帮扶，井冈山市所有学校均与沿海发达地区优质学校建立了"1+1"或"1+N"结对帮扶关系，每年定期开展互访帮扶活动达数百次，极大提升了井冈山市教育的品质与高度。如上海七宝中学与井冈山市宁冈中学、新城小学结对帮扶；深圳实验学校与井冈山下七中学结对帮扶；南昌师范附小教育集团与井冈山龙市小学结对帮扶等。

第四节　红色基因激发脱贫内生动力

2018 年 12 月 12 日，习近平总书记在打好精准脱贫攻坚战座谈会上指出："贫困群众既是脱贫攻坚的对象，更是脱贫致富的主体。要加强扶贫同扶志、扶智相结合，激发贫困群众积极性和主动性，激励和引导他们靠自己的努力改变命运。"井冈山市为解决少数群众内生动力不足难题，建立志智双扶全覆盖机制，激发活力，形成合力，推动外部帮扶和内生动力"双轮驱动"、精神脱贫和物质脱贫"双轨并行"。

一、"红色讲习所"育脱贫之志

井冈山是中国革命的摇篮，井冈山精神激励一代代井冈人。在精准扶贫中，井冈山市以弘扬跨越时空的井冈山精神激励群众，深入挖掘井冈山红色故事，用本乡本土革命先辈的故事激励群众向先辈看齐，努力创造更加美好的生活。井冈山市用推进项目的思维，打造"红色讲习所"，使之成为新时代教育党员的阵地、培训干部的课堂、发动群众的舞台。

井冈山市每个乡镇党委建立1个"红色讲习所"，辐射村级讲习站点建设，充分发挥红色讲习所作用，每月至少开展1次培训。在讲习阵地建设上，注重点与面、线上与线下相结合，按照一块展示栏、一所大讲堂、一个学习吧、一条实习线、一幢食宿楼的要求建立"红色讲习所"，统一布置标识牌、讲习工作安排和讲习制度等。结合井冈山市中心工作和重点项目，把脱贫攻坚实施点、美丽乡村建设点、产业基地示范点作为室外红色讲习点，构筑市、乡、村三级讲习阵地。

在讲习队伍上，分类建立讲习师资队伍，把各级领导干部、党史理论学者、红军后代，还有基层创业达人、农技高人、劳动模范、道德模范以及身边的先进典型人物纳入讲习师资队伍中，从市级层面明确不同类别讲习人员的讲习范围、讲习内容、讲习次数，不仅实现"干部讲、农民听"，还做到"农民讲、干部听"。井冈山市建立了300余人的"红色讲习所"师资库。农民出身的全国人大代表左香云，围绕"基层党建助力精准扶贫"，在"红色讲习所"中已为1600多人次进行了现场访谈教学。

在讲习内容上，按照年有计划、季有调度、月有任务，为来山游客、党员干部、基层群众定制不同的"讲习菜单"。针对基层脱贫攻坚需求，整合农业、就业、科协部门资源，开创了黄桃、猕猴桃、茶叶等事关群众脱贫致富的种养、加工等方面的课程。同时，还根据不同时期的中心工作和不同行业的特色，开展差异化讲习，使各行各业讲习内容百花齐放。"红色讲习所"建立以来，讲习 1000 余堂次，培训基层党员干部群众 30000 余人次。

在讲习模式上，井冈山市在讲习过程中，注重"讲""习"结合，讲井冈山精神，增党员干部理想信念。讲红色故事，追忆革命先辈先烈。唱革命红歌，激发党员干部活力。讲技能培训课，增长党员群众才干。点亮微心愿，奉献党员干部爱心。通过讲习所，让受众听得懂、能领会、可落实。

二、"三会两榜"活动筑脱贫之信

井冈山市聚焦激发贫困群众发展内生动力，坚持正向激励的原则，注重从思想上扶志、从教育上扶德、从能力上扶智、从政策上扶勤，全面推进志智双扶工程，积极开展"三会两榜"激励教育活动。增进"幸福生活是奋斗出来的"思想认同，提高贫困人口的发展自信，充分激发自我脱贫内生发展动能。

一是开展培训会。井冈山市针对缺少技能，影响群众脱贫致富信心问题，发挥第一书记的核心纽带作用，以村为单位定期不定期组织召开小组会、院场会、田埂会、入户会、夜访会，学知识、兴家业、当先进，帮助广大群众实现自我教育、自我管理、自我服务、自我发展，增强群众脱贫技能。

二是开展点评会。每季度以村为单位，组织驻村领导、帮扶干部、村两委成员和村所有贫困户，以会议形式，由贫困户对照脱贫攻坚责任清单，逐户汇报脱贫致富项目落实情况，再由驻村领导、帮扶干部、村两委成员逐户进行点评，肯定成绩，提出建议，研究解决脱贫致富具体措施，同时评出脱贫攻坚"好、中、差"三个类型，对"好"的进行表扬，对"中"的提出要求，对"差"的重点落实包帮责任，解决内生动力不足问题。

三是建立红白理事会。在开展培训会、点评会的基础上，每季度召开一次道德评议会，把勤劳致富、自力更生的贫困户确定为先进典型，对"等靠要、缠访闹"、内生动力不足的贫困户，采取论理释法、说教劝导等办法，分析其产生这种心理的根源及危害性，教育引导其转变思想、自我反省，并表决确定为后进典型，通过群众互动互评形式，有效破解了新形势下群众教育难题，增强了群众教育的实效性和针对性。

四是发挥两"榜"引领作用。对巩固脱贫成果中表现优秀的脱贫户和帮扶干部亮红榜进行公布，即"优秀脱贫户先进典型榜"和"帮扶干部先进典型榜"，每个季度要更新一次，通过梳理典型做到引领示范带好头作用。

三、典型示范解思想之惑

精准扶贫不仅扶贫困人口的物质之贫，更要解贫困人口的思想之困。为激发贫困人口主动脱贫的动力，充分发挥先进典型的示范引领作用，井冈山市挖掘典型事迹、先进人物，大力宣传井冈山脱贫攻坚成效的生动实践和特色亮点，帮助贫困人口树立与贫困决断的信心和决心，确保稳定脱贫、可持续脱贫。

一是选树先进典型。一方面，井冈山市组织开展"最美第一书记""最美帮扶干部""最美帮扶工作队""最美基层干部"评选活动，以展示第一书记、帮扶干部和驻村工作队的良好形象和工作成效，激发扶贫干部内生动力和建功基层的热情。另一方面，井冈山市通过推荐，评选"最美脱贫人""身边好人""最美家庭""道德模范"等先进典型，让贫困群众学有榜样、干有方向，营造向善向上的脱贫氛围。同时，井冈山市开展"五个一"评比表彰活动，即评选一批带领群众致富的好干部、评选一批带领群众致富的好先锋、评选一批带领群众致富的好企业、评选一批带领群众致富的好典型、推介一批带领群众致富的好同志，以达到带动全局的良好效果。

二是着力宣传先进典型。井冈山市在市内媒体开设脱贫攻坚专题专栏，对会议精神进行解读、阐述。大力报道全山学习贯彻会议精神具体实践、先进经验、模范典型；以井冈山"乡村大讲堂""道德讲堂""五老宣讲团"干部培训班等为平台，组织宣讲队伍进企业、进机关、进农村、进学校、进社区、进军营开展宣讲活动；各行政村利用村级广播、宣传栏、横幅等载体，以"最美贫困户""最美笑脸"等形式，大力宣传群众身边的好人好事，特别是在脱贫攻坚路上奋发有为、自主脱贫的贫困户，以及勇于担当、甘于奉献的帮扶干部。井冈山市全方位、多角度对扶贫干部、贫困户和贫困村脱贫成效进行宣传，营造浓厚的"比学赶超"氛围。

四、能力提升破就业之困

"要防止忽视贫困群众主体作用。干部和群众是脱贫攻坚的重要力量，贫困群众既是脱贫攻坚的对象，更是脱贫致富的主体。"要做到脱贫不返贫，增强贫困群众的主体地位和脱贫信心，必须增强贫困群众的可持续发展能力。井冈山从干部和贫困群众两方面入手，提升脱贫致富能力。具体而言：

一是组织引领。以村委换届为契机，选拔一批懂政策、善做群众工作的人才进入村干部队伍；建强基层党组织提升战斗力，把党组织建在产业合作社、致富产业链上，实现组织建设的全覆盖，推进资源要素向基层倾斜，每个乡镇增加30万、每个村增加3万转移支付经费，帮助基层党组织实现自我发展提升，帮助群众解决技术、资金、信息等问题。发挥党员作用提高示范力，从提升农村党员素质着手，加大对农村党员的培训力度，以党员"先走"带动群众"一起走"。

二是技能培训。围绕"231"富民产业、全域旅游建设和工业企业所需的技术工种，因地制宜地开展"雨露计划""新型农民职业培训"和订单式技能培训，以及依托农村电商、扶贫车间等多种渠道，让群众掌握一技之长，积极引导贫困群众就业，鼓励创业。2020 年以来，井冈山市就业部门遵循"战疫情、稳就业、促增长、助脱贫"的工作思路，针对农村贫困劳动力技能欠缺的特点，积极开展按"需求""定单""区域"的技能扶贫培训，助推贫困人口脱贫摘帽。加强对接，按需培训。加强与井冈山市工业园区企业、景区宾招酒店以及红培基地的劳务合作对接，利用企业对技能人才的迫切需求，结合用工企业的岗位技能需求，组织建档立卡贫困户参加岗位对接的就业技能培训，并迅速安排其上岗就业，达到"对口学技即上岗"的目的。开展调查，按单培训。依托乡镇基层人社服务平台，组织工作人员进村入户进行就业政策、用工信息宣传、工种培训意向统计、协调、申报、再组织培训，根据乡镇培训需求指派教师、技术员到乡镇、村进行培训。按照"要什么学什么，缺什么补什么""定单（向）式"等培训原则，帮助他们掌握一技之长，达到"一技在手走天下"的目的。因地制宜，按区培训。对于劳动力人口较少、难以组织开展培训的贫困村，采取因地制宜的方式，按照区域选择劳动力资源较丰富、人口较密集、在家务农较多、参加培训热情较高的贫困村作为培训点，组织周边贫困村有培训愿望的贫困人员就近参加培训，达到了"培训学技不误工"的目的，逐步形成"掌握一门技能、实现一人就业、带动全家脱贫"的良好培训氛围。

第五章 "兜底+保障"：夯实脱贫发展基础

　　井冈山市在统筹全市经济社会发展实力和高质量发展愿景中，把"兜底"和"保障"作为脱贫攻坚的重要政治任务和扶贫基础工程来抓，在基础保障层面扩面提标，密织兜底网络；在保障扶贫过程中坚持改革创新，释放和提振保障效力；面向高质量发展，着力构建乡村发展"大保障"体系。三个层次、三个环节贯彻落实的"兜底+保障"工程，成功兑现了率先脱贫摘帽的庄严承诺，全面奠定了小康社会的发展基础，充分凝聚了由脱贫攻坚向全面推进乡村振兴的内生动力。

第一节　扩面提标，密织兜底网络

　　脱贫攻坚，最基本的一条是确保每户农民都能获得生活保障，无冻馁之虞，这是革命者的初心，也是中国共产党的使命。井冈山市着力解决好"两不愁三保障"问题，并注重解决贫困人口饮水安全问题，通过建立健全保障兜底全覆盖机制，实施贫困人口生活保障扩面提标，全面筑牢防贫返贫防线；打好保障组合拳，织密扎牢社会保障网，确保脱贫有保障，返困不返贫，做好了脱贫攻坚和乡村振兴的基础性工程。

一、"低保"提标全覆盖

"低保"是国家对家庭人均收入低于当地政府公告的最低生活标准的人口给予一定现金资助，以保证该家庭成员基本生活所需的社会保障制度。在精准扶贫过程中，"低保"是兑现"两不愁"的最后屏障，也是需要全面落实的最重要的屏障。

其一，"低保"对象覆盖广泛。井冈山市严格按照"应保尽保"的要求，结合"低保"提标提补，主动发现并及时把新增符合农村"低保"条件的贫困群众全部纳入农村"低保"。对贫困乡镇、边远山村等贫困群众多、脱贫难度大的地区重点倾斜，以落实保障帮扶政策为重点，对"红卡户"优先纳入"低保"范围。同时，落实"单人户"施保政策，将未脱贫建档立卡贫困户中的重病、重残对象参照单人户纳入农村"低保"。落实"低保"延退政策，针对建档立卡贫困户家庭成员外出务工、灵活就业、产业帮扶等家庭收入超过当地"低保"标准的，给予6个月的"低保"延退期。及时将符合条件的未脱贫建档立卡贫困人口、脱贫后返贫人口、新增贫困人口、监测户、边缘户纳入兜底保障范围。对不符合救助条件但确实存在一定困难的人员或家庭，将其列为潜在救助对象，加强动态监测和跟踪管理。重点关注受新冠疫情影响"低保"对象、特困供养人员、建档立卡贫困人口以及低收入人群，及时给予相应救助帮扶措施。

其二，"低保"标准逐年提高。针对建档立卡的"红卡户"大多完全丧失或部分丧失劳动能力、生活特别困难的实际情况，2016年年初，给予"红卡户"家中的"低保"对象在国家"低保"的基础上每人每月提标补助40元，非"低保"人员每人每月补助100元。2018年起，"低保"对象提标补助为每人每月60元，非"低保"人员每人每月提标补助120元，并将对象范围延伸扩大到未脱贫的"蓝卡户"家庭。同时，按照年均12%的增长比例，不断提高农村"低保"标准，2020年，全市农村"低保"标准达到470元，人均补差水平达 325 元。2016 年以来，累计发放农村"低保"资金 8729.06 万元，让兜底保障线年年"兜得住"。

其三，"低保"对象收入增幅不断提高。建立"低保"标准与农村居民人均纯收入挂钩的动态调整机制，"十三五"期间，按照年均 12% 的增长比例提高农村"低保"标准。按照"低保"标准的提高幅度，同比例提高"低保"补助水平。进一步对农村"低保"对象进行科学分类，将完成丧失劳动能力、无收入来源、处于重度贫困、靠自身条件无法改变生活状况的农村"低保"对象全部列为"常补对象"。常补对象占"低保"对象比例原则上不低于 15%，不高于 25%。对常补对象，严格按照"低保"标准给予全额保障。

二、教育帮扶全涵盖

教育扶贫工作是一项政策性强、涉及广、持续时间长的工作，涵盖了从学前教育到大学教育一系列的帮扶项目，种类繁多、标准各异，为使该项工作精准到人，教育扶贫做到了四个方面的全涵盖。

其一，数据精准全涵盖。过去，教育扶贫工作主要以学生自主申报为主，在脱贫攻坚的过程中，为确保符合条件的学生，特别是建档立卡户贫困家庭学生能够享受到资助政策，井冈山市涉及教育帮扶的部门在强化宣传的基础上，主动出击，发动全体教师深入班级与乡村，多方收集信息，加强与乡镇、扶贫等部门的衔接，确保每一位建档立卡家庭的学生进入数据库，确保"不漏一人"。

其二，政策宣传全涵盖。为了使教育扶贫各项政策深入人心，让每一位学生、家长知晓扶贫政策，全市通过发放 4000 多份宣传手册，通过宣传栏、电视台、微信等形式全方位、立体式宣传教育帮扶政策。要求学校通过家长会、"给家长一封信"、家访等形式保障广大学生、家长对各种帮扶政策知情。

其三，帮扶措施全涵盖。井冈山市强力构建覆盖各类贫困学生从学前到大学各个学段的"一揽子"帮扶政策，切断贫困代际传递。对在公办幼儿园及民办普惠性幼儿园就读的建档立卡贫困户幼儿全部实施学前教育资助1500元每人每年。对义务教育阶段学生实施"两免一补"政策：小学贫困寄宿生1000元每人每年，初中贫困寄宿生1250元每人每年，在确保建档立卡贫困户子女享受寄宿生生活补助的基础上，井冈山市财政每人每年再补500元。高中阶段贫困生享受普通高中国家助学金，"红卡户"学生全免学费书本费，"蓝卡户""黄卡户"及农村"低保"户和残疾学生免学杂费。高中助学金每年按2500元、2000元、1500元三个标准分学期发放，发放等级按资助名额和学生在校表现确定，保证建档立卡贫困户享受高中助学金，确保"红卡户"学生享受最高档。贫困学生每学期免除学杂费380元，"红卡户"学生每学期免除书本费1500元左右。在井冈山旅游中专就读贫困学生每年免除850元学费，对一、二年级就读的贫困学生每年按1000元标准发放国家助学金。对考取大学的贫困家庭学生实施高考入学政府资助、圆梦助学、信念助学及新生入学资助。对考入全日制普通高等院校的建档立卡贫困户子女分别按第一年补助5000元（国家资金）、第二年补助3000元（市财政资金）的标准进行补助，连续补助两年。对考入高等职业院校的建档立卡贫困户子女分别按每年补助3000元的标准进行补助，连续补助三年。

其四，保障形式全涵盖。一是以政府主导并挖掘社会力量参与教育扶贫。积极拓展社会爱心人士及团体加大对井冈山贫困学子的资助力度。引进了以湖南炎帝生物工程有限公司的"百年树人"、深圳游友爱心援助、武汉和合集团"和合星火"为代表的各类社会助学项目近50种，资助人数近千人，每年资助金额超百万元。二是以"感恩教育"为主题的思想教育同步并行。从2016年下半年开始在校园内进行"感恩有您"主题教育活动，通过"给爱心人士一张贺年卡""感恩之星评选""感恩有您征文比赛""感恩演讲比赛"等一系列主题活动，教育和引导广大青少年学会知恩、心怀感恩、懂得报恩，在全社会大力倡导知恩感恩、和谐友善、诚信包容的良好社会风尚。

三是以乡村校园为中心补齐教育短板。脱贫攻坚以来，井冈山市先后投入资金近亿元用于校园基础设施建设，相继实施了学校标准化建设，薄弱学校改造等 150 多个项目工程。同时大力推进"互联网＋教育扶贫"工作新模式，完善农村学校信息技术基础设施建设，着力提升城乡学校教育信息化应用水平。截至 2020 年 10 月，全市乡村学校均实现"校校通""班班通"全覆盖、校园安监系统全覆盖，尤其是点对点"1+X"扶贫项目的开通和"一拖一"在线课堂的全面推广，使农村学校教学点师生足不出户便能共享城区优质教育资源。

三、健康扶贫全升级

井冈山市通过逐步建立"城乡居民基本医疗保险、大病保险、医疗救助、医疗附加险、重症疾病险、意外伤害"及"一站式"结算服务等方式，对贫困群众"看病、就医、报销"问题进行精准式服务，大幅降低因病致贫占比，让贫困群众看得起、看得上、看得好病。

其一，贫困人口免费参保，由财政全额负担。2016 年—2020 年，贫困人口参加城乡居民基本医疗保险的个人缴费标准从 120 元、180 元、210 元、250 元到 280 元，井冈山市财政全额负担，并同步免费参加大病险、医保附加险、重症疾病险、意外伤害保险。

其二，实施五项基本医保优惠政策，提高贫困患者基本医保待遇。一是建档立卡贫困人口在一、二级定点医疗机构住院补偿免起付线。二是城乡贫困人口患耐多药结核病、肺癌、食道癌等 25 种重大疾病，实行按病种定额救治，已参加重大疾病医疗补充保险的农村救治对象，在二级定点医院救治费用先按城乡居民基本医疗保险政策规定报销，基本医保报销不足定额标准80%的部分，由城乡居民大病保险补足到 80%，再由重大疾病医疗补充保险核报 18%、个人负担 2%；在三级定点医院救治费用先按城乡居民基本医疗保险政策规定报销，基本医保报销不足定额标准 70%的部分，由城乡居民大病保险补足到 70%，再由重大疾病医疗补充保险核报 27%、个人负担 3%。三是实施 10 类重大疾病免费救治。四是增加贫困人口门诊特殊慢性病病种和实施贫困户慢性病长效处方。五是提高贫困人口门诊特殊慢性病封顶线。

其三，引进大病保险、医疗附加险等商业保险，并着重向贫困患者倾斜。首先，提高贫困人口大病保险待遇。降低大病保险起付线，特困供养人员、低保户及建档立卡贫困人员大病保险起付线降低 50%，即由 10 万元降至 5 万元。其次，提高贫困人口住院待遇。建档立卡贫困人口年内住院费用在基本医疗保险、大病保险、医疗救助补偿后剩余的所有医药费用，不减起付线，由医疗附加险补足至 90%，个人负担 10%，年封顶 25 万元。再次，开展重疾病保险，保障重大疾病贫困患者及贫困边缘群体。最后，开展意外伤害保险。

其四，"一站式"结算，及时报销医疗费用。2017 年初实现了"基本医疗保险、大病保险、医疗救助、医疗附加险"四道保障线在县域内医院住院"一站式"结算，彻底解决就医跑腿垫资问题。除此以外，井冈山市实现了医保结算村村通，打通了村卫生室就医结算"最后一公里"，实现村卫生室就医直接结算，让贫困居民实现"家门口"看病就医，提升医保服务的便捷性。

四、住房保障全提升

井冈山市通过全面摸排贫困户及非贫困户住房问题，通过政府补一点、群众出一点、社会捐一点、扶贫资金给一点的办法筹措资金，实行拆旧建新、维修加固、移民搬迁、政府代建四种建房模式，确保每一栋危旧房、土坯房都拆得动、建得起、住得进。

其一，科学分类、因户施策，推行"三种方式"，确保全覆盖、不落人。在全面摸底排查的基础上进行科学分类，严格按照目标清、底数清、政策清、模式清和程序清的"五清"原则，坚决执行优先解决住房最危险、生活最困难群众住房难问题的两个"优先"原则，因地制宜、因户施策，推行"拆、建、改"三种改造方式：一是拆。把空心村整治作为重要突破口，充分发挥村民理事会、乡贤能人作用，拆除农村所有危旧土坯房，特别是"无主户""空心房"。二是建。推广实施移民搬迁、就地拆旧建新、政府代建等多种模式，统一每户宅基地面积为 50 平方米—90 平方米、公寓联建每户不超过 120 平方米的建设标准，引农上坡，大力实施"政府代建"工程。三是改。积极探索新技术，茅坪乡神山村采用砌体加固方式对全村 37 栋干打垒土坯房进行维修加固，取得良好效果并在全市推广使用；重点保护有文化价值的土坯房，按照"修旧如旧"的原则改造提升，实现"旧居"与文化的对接，风光与记忆的融合。

其二，叠加政策、多头引水，采取"五个一点"，确保建得起、住得进。以涉农扶贫资金整合使用为契机，多渠道筹资破解资金难题。一是政策补助一点。2009 年至 2016 年累计为 12879 户危改户发放安居工程补助资金 15342.35 万元。二是群众自筹一点。充分调动困难户参与危改的积极性，通过农户自筹、亲友相助、邻里相帮、投工投劳等方式自筹建房资金和降低用工成本。三是社会捐助一点。积极倡导民营企业、社会各界对农村安居工程建设进行结对帮扶。四是扶贫资金给一点。在上级农村危房改造补助标准的基础上，整合各类扶贫资金，进一步提高补助标准。对于属纯土坯房的拆旧新建户和维修户，在原基础上每户再配套 5000 元。五是金融扶持一点。大力推行"安居贷"，对于筹资有困难的家庭，可向农商银行申请 5 万元以下的危旧土坯房改造贷款，市财政按基准贷款利率给予两年的贴息。

其三，宜居宜业、统筹兼顾，完善"两类配套"，确保住得好、稳得住。一是完善基础设施和公共服务配套。安置点建设主要围绕改善搬迁对象生产生活条件和发展环境，建设住房和必要的水、电、路、气、网等基本生产生活附属设施。根据安置点实际需要，配套建设教育、卫生、文化等公共服务设施。搬迁户只需缴纳扣除各项补助资金后的少量建房款，小区内基础设施建设全部使用扶贫专项资金。二是完善就业、产业服务配套。对搬迁对象中的青壮年劳动力开展职业技术培训，提高职业技能，增强就业能力。鼓励工业园区、企业用工优先聘用搬迁对象。依托城镇、工业园区，引导和扶持搬迁对象从事农产品加工、商品经营、餐饮、运输等二、三产业。

其四，政府引导、群众主体，发挥"三种作用"，确保力量足、推得开。实施农村安居工程过程中，井冈山市始终坚持"政府引导、群众主体"的原则。一方面，高位推动积极宣传造势使政策传递到位、群众知晓到位。另一方面，充分发挥基层党组织引领作用和农村群众主体作用，运用村民自治手段，让群众自愿自觉建设清净整洁家园。一是发挥基层党组织"先锋队"作用。许多农村党员带头拆除自家危旧土坯房，极大地提高了群众参与改造的积极性。二是发挥理事会"牵头人"作用。由村理事会全面负责村庄整治工作，积极组织发动群众开展投工投劳、规划建设、筹集资金等，建设经济实用、安全美观、功能完善的新型农民住宅，实现"有新房、有新村、有新貌"。三是发挥农民群众"主力军"作用。村理事会在工作过程中，充分尊重群众意愿，与群众商量着办，让群众深刻意识到自己既是建设的参与者，更是受益者，形成了变"要我改"为"我要改"的良好氛围。

五、安全饮水有保障

水是万物之源，饮水更是牵涉千家万户。井冈山市通过加大资金投入，完善基础设施建设，保障饮水安全。深入开展"河长制"，注重全域内生态环境保护，保障水源优质。全面深化水利改革，消除饮水安全隐患，保护"绿水青山"。

其一，两种模式组合，保障有水可用。一种模式是推行城乡一体化，把城市用水理念融入到农村里。通过提供一系列的帮扶资金，为农户家里免费接管道。另一种模式是牵涉偏远山区，比如村庄只有几户，就采取山上做饮水池的方法，通过"就地饮水"，解决所有农户的饮水问题。

其二，加大资金投入，建设饮水工程。投入资金1183万元，完成农村饮水安全巩固提升2016年贫困户农村供水工程，涉及35个贫困村，受益人口1.2万余人（含1720户贫困户，5180名贫困人口）。2017年，井冈山市争取农发行贷款资金共计2.9亿元，用于井冈山市农村安全饮水工程建设。两年的引水工程建设，基本解决了饮水问题。

其三，深入开展"河长制"，保护水环境。2018年井冈山市打造河长制升级版，切实保护好井冈山的绿水青山。一是进一步压实各级河长治理责任。真正形成河长主治、部门联治、上下齐治的河道治理责任体系，开创河湖保护管理工作新局面。二是强化技术支撑。完善河长即时通信平台，将日常巡查、问题督办、情况通报、责任落实等纳入信息化、一体化管理，提高工作效能，接受社会监督。三是加大宣传。进一步发动广大人民群众积极参与河湖保护管理，努力营造良好的社会环境和舆论氛围。四是加强执法力度。加大水政执法力度，联合环保、国土、农业、公安等部门定期进行执法，对违法破坏水环境行为严厉打击，确保井冈山市清河行动成效不反弹，进一步保护全市的绿水青山。五是加强保护和检测。健全农村安全饮水贫困户监测台账，加强水源保护和水质监测，落实净化消毒措施，避免将安全隐患流入制水环节，建立疫期安全供水应急处置机制，加强供水管理管护，保障饮水安全运行。重点做好饮用水水源保护，对水源地、取水口、蓄水池等关键部位和水质净化消毒等重点环节实施全覆盖，消除饮水安全隐患。

第二节　改革创新，提振保障效力

在密织保障兜底网络的基础上，井冈山市不断推进保障体制机制改革创新，进一步推进"遇困即扶"机制，完善临时备用金制度，有效预防遇困群众致贫返贫，保障基本生活。进一步提高养老服务能力，不断完善特困人员救助供养制度，加强特困供养服务机构建设，提升管理服务和保障水平，衍生和提振了保障效力。

一、"遇困即扶"机制

"遇困即扶"机制是井冈山市在扶贫工作中建立推行"一套排查核准程序""一套应急救助办法""一套专项帮扶措施"和"一套保障措施体系"，对因遭受严重自然灾害、家庭成员患重大疾病或遭遇重大变故等突发情况，可能导致无法或即将无法达到"两不愁三保障"的目标，立即启动应急救助和专项帮扶，从源头上预防致贫返贫。

一是"遇困即扶"保障机制。在领导机制方面，井冈山市委、市政府对"遇困即扶"工作负总责，并建立由市扶贫办、市财政局、市应急管理局、市卫生健康委、市住建局、市人社局、市民政局、市教育局、市农业农村局、市医保局、市残联、市红十字会等市直相关职能部门组成的"遇困即扶"联席会议制度，及时研究部署并调度落实"遇困即扶"工作，市扶贫开发领导小组办公室具体承办日常工作。遭遇涉及面广的重大灾害等突发情况时，乡（镇、场）迅速落实应急响应有关规定和要求。统筹建立干部联系帮扶"遇困即扶"对象的制度，每户安排1—2名干部联系帮扶。联系帮扶干部跟踪落实帮扶措施，帮助、指导遇困群众合理使用保险理赔和专项帮扶资金，开展重建家园、生产自救、就业培训等工作。在资金保障方面，市里按照每年不少于1000万元的标准，预算安排"遇困即扶"专项资金，与民政救助、应急救灾、医疗救助等民生资金统筹使用，实行专款专用，由市扶贫办、市财政局共同管理。"遇困即扶"所需资金，符合上级专项资金使用范围的，在上级专项资金中支出；超出上级专项资金使用范围的，在市级"遇困即扶"专项资金中安排。

二是"遇困即扶"对象确定。"遇困即扶"对象参照脱贫攻坚精准识别

"一访、二榜、三会、四议、五核"的识别办法认定。对因遭遇突发情况导致基本生活陷入困境，且致贫返贫风险极高的，按应急程序认定，即经村第一书记、村两委、乡（镇、场）核实，乡（镇、场）批准后，采取必要的帮扶措施，以迅速解决生活必须的保障问题。同时，再按程序进行认定，认定了的，纳入"遇困即扶"对象；没有认定的，扣除、追回专项资金。

三是"遇困即扶"帮扶体系。"遇困即扶"对象经一般程序认定或应急程序认定后，要立即启动应急救助，做到应救尽救。当遭遇重大灾害等特殊突发情况时，可先救助，后认定对象。一是保障基本生活。对遭遇重大灾害的，应急管理部门及时开展救灾救济；对遭遇突发情况、重大疾病、重大变故或其他特殊原因导致基本生活陷入困境的家庭，民政部门及时开展临时救助，确保遇困群众基本生活。对因医药费支出骤增且超过其家庭实际承受能力的，医保部门参照现行建档立卡贫困户的政策要求和补助标准，及时开展大病救助。对住房倒塌、烧毁或严重损毁的无房户，乡（镇、场）、村（居）妥善安置临时过渡住房，并及时扶持遇困群众恢复重建；对经住房安全鉴定部门鉴定为 C 级和 D 级住房的，分别参照现行建档立卡贫困户农村危旧土坯房改造政策中维修加固和拆旧建新的要求和标准给予扶持；对地质灾害频发且符合易地搬迁条件的，参照现行建档立卡贫困户易地扶贫搬迁的政策要求和补助标准给予扶持；对无力重建的，按建档立卡贫困户的标准，由村一级通过"交钥匙"工程代建或安置到"爱心公寓"暂时居住。对各类遭遇严重生活困难的，慈善会、红十字会等机构广泛开展爱心捐赠捐助，帮助渡过难关。

二是防贫保险救助。各乡（镇、场）、村（居）发现可能致贫返贫对象后，及时向防贫保险承保公司人保财险井冈山支公司报案，快速开展防贫保险理赔。人保财险井冈山支公司接到报案后，在 24 小时内到达现场查勘、定损，对因病、因学、因灾等可能致贫返贫的，按照协议商定的理赔原则、等级和标准，及时足额赔付到位。各项应急救助和帮扶措施统筹衔接，各项政策扶持和防贫保险赔付总额，不高于建档立卡贫困户相应扶持政策的现行标准。

三是落实专项帮扶。对落实应急救助后仍难以摆脱困境的，及时研究落实专项帮扶措施。包括：可对其进行产业帮扶，即鼓励遇困群众自主发展产业，参照建档立卡贫困户现行产业扶持政策要求和补助标准，给予遇困群众产业资金奖补、扶贫小额贷款、贷款贴息、产业保险等政策扶持，促进其后期稳定增收。也可对其进行就业帮扶，即全面掌握遇困群众的就业需求，建立台账，加强与用工企业和扶贫车间对接，做好就业服务，引导遇困群众就近就业。参照建档立卡贫困户的条件和标准，落实务工交通补贴。对其他就业确有困难的，尽量安置公益性岗位就业。还有其他帮扶举措，可按照"缺什么、补什么"的原则综合施策。

二、临时救助制度

为进一步发挥临时救助的救急解难、过渡衔接作用，防止脱贫群众返贫，让脱贫基础更加稳固、成效更可持续，筑牢社会救助体系的最后一道防线，兜住民生底线，对遭遇突发事件、意外伤害、重大疾病或其他特殊原因导致基本生活陷入困境，而其他社会救助制度暂时无法覆盖或救助之后基本生活暂时仍有严重困难的农村建档立卡贫困家庭，通过全面建立临时救助备用金制度，及时给予临时救助。

一是全面落实临时救助备用金制度。井冈山市出台的《临时救助备用金管理使用办法》明确规定，市级下拨基层备用金不低于临时救助年资金总量的40％，对特殊困难人员落实"先行救助"，确保应救尽救。对困难群众的突发性、紧迫性、临时性基本生活困难和救助需求，或救助金额较小的申请，全部委托乡镇审批发放，积极开展"先行救助"。对因火灾、交通事故等意外事件，家庭成员突发重大疾病等原因，导致基本生活出现严重困难的家庭，或者因生活必需支出突然增加超出家庭承受能力，导致基本生活暂时出现严重困难的最低生活保障家庭，以及遭遇其他特殊困难的家庭，按照当地1—6个月的城市最低生活保障标准办理。自2018年以来，共下拨临时救助备用金181万元，用于乡镇政府在紧急情况下，第一时间将救助金送达，帮助困难群众解决燃眉之急，切实发挥临时救助"兜底中的兜底"作用。此外，为积极应对新冠疫情，井冈山市下拨临时备用金100万元，累计实施临时救助460人次（其中备用金233人次），共计发放临时救助金106.96万元（其中备用金30.3万元），有效缓解了疫情给困难群众造成的基本生活困难。

二是及时实施临时救助，适当提高标准。建立"一门受理、协同办理"工作机制，搭建救助平台，全市各乡镇场（街道）、村（居）委会设立统一的社会救助申请窗口，统一悬挂受理牌和工作流程图，明确专人负责，规范受理申请范围，规范办理时限，加强结果跟踪，打造困难群众"求助有门、受助及时"绿色通道。对农村建档立卡贫困户的临时救助标准，可按照不低于50%的比例上浮，并在年度封顶线内再增加1至2次救助。对贫困群众的突发急难需求，或救助金额较小的，全部委托乡镇人民政府(街道办事处)审批，报市民政局备案，提升临时救助时效。

三是实施特别救助制度。对因遭受特别重大困难，造成重大刚性支出远远超过家庭或个人承受能力的特困供养人员、孤儿、农村"低保"对象、未纳入"低保"的支出型贫困家庭实施特别救助，提高农村贫困群众抵御突发风险的能力，缓解农村因各种原因造成的返贫问题。通过完善主动发现机制和信息共享机制，定期开展临时救助对象和建档立卡贫困人口的信息比对，动态掌握脱贫返贫情况。同时，引导慈善力量积极参与社会救助，建立政府救助和慈善救助衔接机制，推动建立"救急难"公益基金，对现有政府救助资源和救助政策无法覆盖或政府救助之后仍未摆脱困境的农村"低保"对象、特困供养对象等贫困群众，积极引导慈善资源介入，形成政府救助与社会帮扶叠加效应。

三、特困人员救助供养制度

特困人员救助供养是社会文明进步的一扇窗口。井冈山市加强特困人员救助供养工作，增强了特殊群体在脱贫攻坚和乡村振兴过程中的获得感、幸福感和安全感，也凸显了全市物质文明和精神文明的巨大进步。具体表现在以下四个方面。

一是加强特困供养服务机构建设。井冈山市通过资源整合，建成农村敬老院（福利院、光荣院）7 所。为进一步提升养老服务能力，实施总投资2250 万元的龙市福利中心项目建设。投资 120 万元的黄坳中心敬老院院民楼建设，于 2018 年全面完工，2019 年 3 月投入使用。2017 年 5 月，全力配合井冈山市华润希望小镇福利院建设，精心挑选高水平的管理和护理人员，并及时安排院民入住，确保了福利院如期投入使用。累计投资 300 余万元，着力推进市中心敬老院整体改造提升工程，将其打造成井冈山市养老服务行业的窗口。及时落实特困人员救助供养标准，完善分散供养对象监护服务协议，切实落实监护责任人和监护责任。加快全市失能人员集中护理点建设，年内本人自愿并符合集中供养条件的失能特困人员集中供养率达 100%。继续实施农村敬老院建设管理提升，开展敬老院等级评定工作，力争年内所有敬老院全部达二星级以上，三星级达到 40%以上。

二是着力提升管理服务和保障水平。按照供养服务机构规范化要求，配齐配强了敬老院管理人员，落实了工资待遇（三院管理人员在岗期间享受事业单位工作人员同等待遇），加强管理培训，建立健全岗位绩效考核机制，全面提升了全市"三院"管理服务水平。2016 年以来，累计发放农村特困供养救助资金 1023.84 万元。2019 年，农村特困人员集中供养标准由 455元提高到 505 元，分散供养标准由 350 元提高到 400 元。2020 年，农村集中供养和分散供养救助标准达到每人每月 615 元（其中失能半失能的农村特困供养对象享受城镇特困供养金标准，每人每月 915 元）。通过政府购买服务，特困人员供养服务机构按照与供养对象 1∶10 的比例配备工作人员，与部分丧失生活自理能力 1∶6 的比例配备护理人员，与完全丧失生活自理能力 1∶3 的比例配备护理人员。同时，大力推进"党建＋养老"服务建设。为确保农村困难老人老有所养，老有所乐，2019 年以来，按照"因地制宜、量力而行、尽力而为"的原则，在全市已建成"党建＋农村养老互助之家"34家，到 2020 年底，实现全市行政村覆盖率达 55% 以上，全面满足农村老人生活照料、情感交流、精神慰藉等需求。

三是全面开展特困人员护理服务工作。井冈山市投资 100 余万元，在市中心敬老院打造了一个 50 张床位的失能半失能集中护理中心，目前已集中收住失能半失能老人 30 人，实现了对全市特困失能老人的集中供养和照护。扎实开展农村特困人员照料护理服务，为所有供养对象签订了照料服务协议，失能、半失能特困供养对象分别按照每人每月 1200 元和 300 元的标准发放照料护理补助，同时为全自理特困供养对象按照每人每月 70 元的标准发放护理补贴。截至 2020 年 10 月底，已累计发放照料护理补助资金 115.58万元。对在家分散供养的具备生活自理能力的特困人员，建立乡镇干部包户包人定期走访机制，完善定期走访慰问台账。认真签订委托协议，委托其亲友或村（居）民委员会、供养服务机构等提供日常看护、生活照料、住院陪护等服务。确保其平时有人照应、生病有人看护、安全不出问题。

四是全面落实特困群体关爱救助保护工作。进一步加强农村留守人员、困境儿童关爱保护，开展农村留守老年人探视巡访，建立信息完整、动态更新的基础数据库，并与扶贫、救助等信息系统数据共享。加大对农村留守人员关爱服务的投入，拓展服务内容，提升关爱服务能力。落实事实无人抚养儿童保障制度，按照散居孤儿生活补助标准按月发放生活费。按照散居孤儿基本生活费标准，按月给事实无人抚养儿童发放基本生活补贴。已获得最低生活保障金、特困人员救助供养金或困难残疾人生活补贴且未达到事实无人抚养儿童基本生活补贴标准的进行补差发放，其他事实无人抚养儿童按照补贴标准全额发放。制定农村留守妇女关爱服务政策。全面落实困难残疾人生活补贴和重度残疾人护理补贴制度，确保"城乡统筹、应补尽补、按标施补"。

四、贫困户和贫困人口收入拓展计划

社会保障具有兜底和托底的功能，也具有涵育发展的功能。只有拓展收入渠道，才能凸显保障功能，也能缓解保障压力。在井冈山市，贫困户和贫困人口收入拓展主要有四大类渠道。

其一，公益性岗位收入。包括河库巡查、专管、保洁"三员"；生态护林员；为应对新型冠状病毒疫情，结合疫情防控需要，增设保洁环卫、防疫消杀、巡查值守、保绿等临时岗位；其他临时性扶贫专岗，等等。其二，产业扶贫收入。包括产业奖补，贫困户小额贷款贴息；贫困户脱贫后仍然享受企业或合作社提供发展所需的种苗、畜禽、技术信息和市场服务，继续享受免费进行劳动力技能培训并推荐就业等优惠政策；贫困户创业涉及的行政事业收费，可给予减收、缓收、免收，等等。其三，就业扶贫收入。包括就业扶贫专岗补贴，就业扶贫培训补贴，创业贷款扶持，就业扶贫车间补贴，交通补贴，等等。其四，其他补贴收入。包括农村特困人员救助供养，临时救助，农村孤儿救助，经济困难高龄、失能老年人补贴，残疾补贴，等等。

第三节 巩固拓展提升，构建"大保障"体系

脱贫致富奔小康既是一场攻坚战，更是一场持久战。井冈山市在实践中探索创新，巩固拓展提升脱贫攻坚成果，开发防贫保险，推进农村相关制度改革，提前部署"乡村建设行动"，保持政策、措施的延续性和创新性，为乡村振兴提供根本保障和持久支撑。

一、开发防贫保险

为进一步巩固提升脱贫成效，构建防止致贫返贫机制，井冈山市政府在全市推行实施"防贫保"工作，专门针对"因病、因学、因灾（含意外事故）"三大因素致贫或返贫，设计开发了"精准防贫保"业务，利用"精准防贫保险"作为巩固提升脱贫成效的重要举措和防止贫困户致贫的有效途径。

其一，健全防贫保险工作机制。一是政府主导，市场运作。"防贫保"以市县为单位开展，采取"政府主导，市场运作"方式。由扶贫办研究制定具体的实施方案，明确参保方式和范围、参保和理赔标准、保险资金的筹措和管理。由保险公司具体承办，扶贫办、财政局等部门协助。保险公司充分发挥专业优势，遵循市场规则，拓宽服务领域，完善保障水平，确保保险成效。二是资金统筹，优先公益。参保资金由市政府统一缴纳，所需资金由市财政统筹解决。根据地方财力和脱贫标准，合理设定投保和赔付标准。充分体现"防贫保"的公益性，承保保险机构按保险理赔金额的一定比例从保费中提取管理费，用于必要的运营管理开支。保费按年度结算，如年度结算后有结余，可折抵下一年度保险金。三是优化服务，严格监管。"防贫保"的服务对象是易贫群体，"防贫保"是稳定脱贫攻坚成果的重要措施。保险公司提高政治站位，强化服务意识，提高服务水平，全面开展"防贫保"，不选择性开展部分防贫保险。扶贫办、财政等部门严格规范管理，加大监管考核力度，督促保险公司简化理赔程序，及时快速理赔，提高服务质量，提升服务水平，打通保险服务脱贫攻坚的"最后一公里"，拧紧防贫的"保险阀"。防贫保险惠及千家万户，覆盖面广、工作量大，通过政府采购、竞争性磋商或以政府下文的方式择优确定服务工作经验足、服务能力强、地方贡献大、机构网点多的保险公司作为承保单位，合同期为一年，在井冈山市建档立卡贫困户保险政策未做重大改变的情况下可以续签合同，原则上一年一签。四是分类保障，按需保障。建立健全防止返贫保险保障机制，为建档立卡贫困户及处于贫困边缘的农村低收入户购买防贫保险；对贫困户自愿投保的产业险种，按保费的 80% 的比例给予财政补贴；对有益贫带贫作用的经营主体，按保费的 80% 的比例给予财政补贴，增强抵御灾害的能力。

其二，明确防贫保险保障标准。对于"非贫低收入户""建档立卡贫困户"和"城镇贫困户"由于因病、因灾、因学三大因素致贫或返贫的人员，提供每人最高 10 万元的防贫保障金额，具体防贫保险金的发放如下：

一是因病防贫保险金发放标准。属于"建档立卡贫困户"和"城镇贫困户"的，按照自付医疗费用 0.4 万元设置预警线，纳入监测范围，经查勘认定符合条件的，自付费用扣除 0.4 万元起付线，剩余费用在 1 万元以下的，按照 60% 比例发放防贫保险金；1 万元（含）至 3 万元的，按照 70% 比例发放防贫保险金；3 万元及以上的，按照 80% 比例发放防贫保险金。属于"非贫低收入户"的，按照自付医疗费用 1.5 万元设置预警线，纳入监测范围，经查勘认定符合条件的，自付费用扣除 1.5 万元起付线，剩余费用在 1.5 万元以下的，按照 60% 比例发放防贫保险金；1.5 万元（含）至 4 万元的，按照 70% 比例发放防贫保险金；4 万元及以上的，按照 80% 比例发放防贫保险金。因意外事故造成人员死亡的，按每人 5 万元的标准发放防贫保险金。因疾病或意外导致伤残丧失劳动能力的（按照国家伤残机构的评残标准进行伤残等级认定），按每人最高 2 万元标准发放防贫保险金。

二是因学防贫保险金发放。具有全日制学历教育、注册正式学籍的"非贫低收入户"子女在校接受大专、本科教育期间，以及"建档立卡贫困户"和"城镇贫困户"子女在校接受大专、本科教育期间，并包括义务教育之外高中以上学生（含高中）在校就读期间，以年支付学费、住宿费、教科书费 0.4 万元为监测线，对经核实可能致贫或返贫的，相应费用超出部分在 0.3 万元以内的，按 100% 比例发放防贫保险金；0.3 万元（含）至 0.5 万元的，按 80% 比例发放防贫保险金；0.5 万元及以上的，按 60% 比例发放防贫保险金。

三是因灾防贫保险金发放。对因火灾、爆炸、自然灾害、意外事故导致家庭财产损毁，且无责任方赔偿的，保险人给付家庭财产损失赔偿。对自然灾害类，以 0.5 万元为预警线，家庭损失在 0.5 万元以上的，扣除 0.5 万元起付线，超出部分在 1 万元以下的，按 50% 比例发放防贫保险金；1 万元（含）至 3 万元的，按 60% 比例发放防贫保险金；3 万元及以上的，按 80% 比例发放防贫保险金，每户最高不超过 3 万元。对交通事故类，经司法等程序未得到相应赔偿或已得到赔偿但需要长期医治等，可能导致生活处于贫困线以下的家庭，分以下两种情况发放防贫保险金：一是因财产损失过重可能返贫或致贫的，参照因灾防贫办法发放保险金；二是因医疗花费过高可能返贫或致贫的，参照因病防贫办法发放保险金。

二、深入推进农村制度改革

深化改革是乡村发展的动力之一。井冈山市以完善产权制度和要素市场化配置为重点，破除体制机制弊端，激活农村资源要素，充分激发农村发展内生动力，为脱贫攻坚和乡村振兴赢得了良好的制度基础、发展条件和环境氛围。主要涉及四方面的工作。

一是完善农村基本经营制度。保持农村土地承包关系稳定并长久不变，落实二轮土地承包到期后再延长三十年的政策，在全面完成农村土地承包经营权确权登记颁证工作的基础上，抓好后期数据库信息应用平台建设，巩固和完善农地确权数据成果。完善农村土地"三权分置"制度，在落实集体土地所有权、保护农户承包权的前提下，逐步放活承包土地经营权，依法开展土地经营权抵押贷款，盘活农村土地资产。

二是深化农村土地制度改革。深入推进农村宅基地、集体经营性建设用地入市和土地征收制度改革试点，2018 年开展 2 个试点村农村土地改革，力争到 2020 年，全面完成农村土地改革。加快推进房地一体的农村集体建设用地和宅基地使用权确权登记发证，按照省、市统一部署，完善盘活利用农民闲置宅基地和闲置农房政策，稳妥推进宅基地所有权、资格权、使用权"三权"分置。落实农村"一户一宅"政策，加强农村危旧空心房整治，统筹利用退出的土地发展农村产业推进新农村建设。建立集体经营性建设用地增值收益分配机制。支持示范区内新增耕地指标和城乡建设用地增减挂钩节余指标在区域内调剂使用，调剂收益全部用于巩固脱贫攻坚成果和支持乡村振兴。研究制定支持乡村振兴的用地保障政策。

三是推进农村集体产权制度改革。按照"清资产、定成员、量股份、创实体、建机制"的思路，实施农村集体产权制度改革试点，2018 年基本完成农村集体资产清产核资，2020 年基本完成农村集体经营性资产股份合作制改革，将经清产核资后确认的农村集体经营性资产以股份或份额形式量化到本集体成员，推动资源变资产、资金变股金、农民变股东，探索农村集体经济新的实现形式和运行机制。完善集体林权制度，推进集体林地"三权分置"，落实集体所有权，稳定农户承包权，放活林地经营权，发展壮大新型农村集体经济。

四是继续推进扩权强镇。继续做好龙市镇、茨坪镇扩权强镇工作，坚持从两镇实际出发，依法依规下放部分经济社会管理权限，进一步加强对试点镇的组织配套、人事配套、财政配套等，按照"财随事转"的原则，提高经费核算，严格落实试点镇培育专项资金等扶持政策，充实镇级财政。同时，配齐执法、审批等专业技术人才，做到权责统一，有人办事，有钱办事，运行顺畅，解决改革中存在的突出问题。

三、提前部署"乡村建设行动"

党的十九届五中全会提出"实施乡村建设行动"。井冈山市在脱贫攻坚成果的巩固拓展中，已经提前部署了乡村建设行动相关工作，为乡村振兴的深入推进探索了路径，积累了经验。

其一，大力推进基础设施建设，保障乡村振兴。其中，主要做的前期工作有：第一，积极探索"交通+"新模式，不断完善全市外通内联的交通运输网络，建好、管好、护好、运营好农村公路，加强村内主干道建设，大力发展农村资源路、产业路、旅游路，为偏远乡村群众脱贫致富发挥"交通先行引领"作用。第二，积极引导电信、移动运营商、电商、金融机构等共同推进信息进村入户，切实加大农村信息基础设施建设投入，完善光纤宽带和4G网络建设，重点对未覆盖的自然村进行补盲建设，加强农村地区网络资源共建共享，努力缩小"数字鸿沟"。第三，分类有序推进农村"厕所、污水、垃圾"三项革命，努力实现所有200户以上村庄有1座三类以上公厕；完成17个乡镇50个行政村农村污水处理设施建设，实现乡镇圩镇生活污水处理全覆盖；配套配全农村敬老院、幼儿园、村民活动室、村史室、党员电教室、农家书屋、卫生室、自选商场、养殖小区、畜禽防疫室等公共服务设施。

其二，加快实现美丽乡村精品提升，对接乡村振兴。按照生态宜居要求，重点打造"四带合一"（特色风貌带、清净整洁带、精细秀美带、产业富民带）的美丽乡村综合示范带，实现示范带沿线村庄美丽乡村建设改造提升全覆盖。各地按照色块和谐、四面统一的要求在2020年内完成示范带沿线可视范围内房屋的立面改造和坡屋顶改造。在进行立面改造的过程中，因地制宜，因势利导。对破旧废弃的房屋、牛栏、厕所坚决拆除；对墙面破旧脱落的房屋或者裸露房按照色块和谐、协调统一、美观大方、经久耐用的原则进行立面改造；对已经贴了新瓷砖的房屋，在保留的基础上稍加改造，以达到协调统一。

其三，提高乡村社会文明程度，引领乡村振兴。不断加大乡风文明队伍建设，每个行政村达到"十个一"目标，即一名义务宣传员、一个道德评议会、一支志愿服务队、一批文明示范户、一部村规民约、一组家风家训、一支农民文艺演出队、一个文体活动小广场或舞台、一面社会主义核心价值观文化墙、一个身边好人榜。利用农村现有祠堂、开放式村部等场地和设施，建设农村公益性婚庆和治丧场所"文明理事堂"。在行政村醒目位置固定设置农村精神文明建设宣传栏，广泛宣传社会主义核心价值观、移风易俗等内容。打造乡风文明示范点、示范区。加快健全完善乡规民约、村规民约，充分发挥其积极的教化、规范、引导、评价作用。开展"三沿六区"（"三沿"指高速公路及连接线、国道及省道、铁路等主干道沿线两侧可视范围；"六区"指耕地、林地，城市公园、风景名胜区和文物保护区，水库及河流堤坝附近和水源保护区，城市建设规划区，工业园区，住宅区）专项整治行动，推进农村绿色殡葬、文明殡葬建设，完善农村公益性公墓（骨灰堂）建设，遏制办丧扰民、重殓厚葬等陋习。开展"百善孝为先""诚实守信""节俭养德"等主题教育活动，着力解决道德领域突出问题。大力普及科学文化知识，加大风水堪舆类人员教育引导工作，逐步消除封建迷信活动。

第六章　有效衔接：面向农业农村
现代化的乡村建设

党的十九届五中全会提出，"加快农业农村现代化""实现巩固拓展脱贫攻坚成果同乡村振兴有效衔接"。井冈山市在打赢脱贫攻坚战、实现全面建成小康社会第一个百年奋斗目标的征程中，创造了减贫奇迹，也为农村的社会主义现代化建设奠定了基础，为接续推进第二个百年奋斗目标准备了条件。2017年宣布率先脱贫摘帽以后，井冈山市重点从基础设施优化提升、人居环境美化、村集体经济强化、乡村建设人才的回引以及乡村治理现代化等方面，有力有序地推动乡村建设。

第一节　基础设施优化与公共服务均等化

井冈山市在决战决胜脱贫攻坚的过程中，通过加大基础设施建设投入，补足了贫困村的基础设施建设短板，为贫困村的稳定脱贫奠定了硬件基础，完善了基本保障。在巩固拓展脱贫攻坚成果的阶段，井冈山市继续强化乡村基础设施建设，在已有基础上，一方面继续扩展乡村基础设施的覆盖面，疏通和完善乡村基础设施建设的堵点和盲区；另一方面，聚焦重点领域，以关键点的建设为抓手，提升基础设施建设的质量，挖掘和延伸相关基础设施服务于乡村现代化转型的功能，将乡村基础设施建设的效用更充分地释放出来。

一、加快农村交通基础设施建设

一方面，井冈山市在交通运输网络覆盖率的提升上，不断扩展覆盖范围。井冈山市按照"四好农村路"要求，积极探索"交通＋"新模式，建好、管好、护好、运营好农村公路，不断完善全市外通内联的交通运输网络，为偏远乡村群众脱贫致富发挥"交通先行引领"作用。另一方面，在"扩面"的基础上，井冈山市通过示范线路的打造，由点到线再到面地提升交通基础设施的质量标准，为接续推进社会主义现代化的乡村建设"铺路"。井冈山市计划到2022年，按照"市有美丽示范带、乡有美丽示范村、村有美丽示范庭院"的思路，重点打造全市4条美丽示范风景线的道路建设，高标准实施150个美丽乡村基础点和10个美丽乡村精品点的道路建设，重点推进红色资源较为丰富的村镇农村公路建设。在每个乡镇场定点2至3个村作为"四好农村路"示范村，通过以点带面，将"四好农村路"精品示范线"串珠成链"，打造成"四好农村路"精品示范带，形成推进全域旅游的强大引擎。

二、加强农村信息化设施建设

农村信息化是农村现代化的重要引擎，没有农村的信息化，就难以推动农村发生快速的现代化转型。一方面，井冈山市不断完善农村信息基础设施，提高农村信息基础设施的覆盖范围，打通信息基础设施进村入户的"最后一公里"。井冈山市在巩固拓展脱贫攻坚成果的过程中进一步引导电信、移动运营商、电商、金融机构等共同推进信息进村入户，切实加大井冈山市农村信息基础设施建设投入，完善光纤宽带和4G网络建设，重点对未覆盖的自然村进行补盲建设，进一步强化弱覆盖基站建设，强化4G网络信号在自然村的覆盖能力。健全市场化运营机制，推动组建信息进村入户全运营实体。井冈山市计划到 2022 年，实现"四个全覆盖"，全市各村以及各 25 户以上的村民小组通信信号全覆盖、4G 网络全覆盖、光纤宽带全覆盖、有线电视全覆盖。另一方面，井冈山市着力拓展信息基础设施在农村发挥作用的空间，让信息基础设施更有效地成为推动农村现代化转型的重要引擎。井冈山市借助信息基础设施大力发展生产性和生活性信息服务，提升农村社会管理信息化水平，加快推进农业农村信息服务普及，加强农村地区网络资源共建共享，努力缩小"数字鸿沟"。

三、加快乡村文化公共服务设施建设

为了推进基层公共文化资源整合利用，提升基层公共文化服务综合水平，丰富人民群众的精神文化生活，为乡村文化现代化转型奠定基础，井冈山市以现有建设成果为基础，强化资源整合，充分利用和依托行政村(社区)政务服务中心（综合服务中心、便民服务中心）、农家书屋、综合文化室等场地设施和服务功能，建设集宣传文化、书籍借阅、党员教育、科学普及、普法教育、体育健身等功能于一体的基层综合性文化服务中心，为基层群众提供便利高效的"一站式"服务，推动实现全市行政村（社区）综合性文化服务中心全覆盖。一方面，加快推进基层综合性文化服务中心设施建设。各乡镇人民政府结合当地经济社会发展总体规划，根据人口发展和分布，按照均衡配置、规模适当、经济适用等要求，通过盘活存量、调整置换、综合利用等方式完成基层综合性文化服务中心建设。村（社区）综合性文化服务中心主要以村（社区）文化室、村（社区）党组织活动场所、住宅小区配套设施、闲置校舍等公共服务设施为基础进行集合建设，鼓励结合祠堂、旧民居等进行整合利用。另一方面，健全综合性文化服务中心服务功能。各乡镇围绕文艺演出、读书看报、广播电视、电影放映、文体活动、教育培训、陈列展览等内容，制定本地基层综合性文化服务中心的基本服务目录，着重发挥

政策宣传、文化娱乐、体育健身等基本功能，明确服务种类、数量、规模和质量要求，为城乡居民提供大致均等的公共文化服务。推动文化服务功能与党员教育、农技推广、科技普及、体育活动等公共服务职能有机结合，实现共建共享。

四、完善农田水利基础设施建设

统筹整合资金推进高标准农田建设是江西省委、省政府深入贯彻落实习近平总书记视察江西重要讲话精神，建设现代农业强省的一项重大决策，对于建设旱涝保收、稳产高产农田、精准扶贫、建设美丽乡村、促进乡村旅游、发展致富产业、提高农业机械化程度具有重大意义。井冈山市围绕"稳粮、优供、增效"目标，实施"藏粮于地、藏粮于技"战略，按照"新建为主、综合开发、连片治理"的原则，奋力推进土地整治特别是旱涝保收高标准农田建设，不断提高耕地质量，改善农业生产和农民生活条件，推动农业现代化和新农村建设。具体而言，井冈山市一方面坚持把高标准农田建设与高效农业、生态农业、设施农业发展，打造田园综合体、美丽乡村建设，壮大村集体经济等相结合，符合政策条件下，优先在美丽乡村精品点统筹安排高标准农田项目，使高标准农田项目建设能够在推动农业现代化和新农村建设上发挥多方面的助推作用。另一方面，从高标准农田建设自身来看，井冈山市按照相对集中连片的原则把建设规划落实到户，主要建设内容为灌溉排水、节水灌溉、土地平整、地力培肥、田间道路等，重点提升机耕道、生产路、机耕桥、下田板、土地平整、渠系建筑物等农田基础设施建设，为农业现代化奠定扎实的硬件基础。2017年—2019年，井冈山市高标准农田建设分别为4500亩、6100亩、1900亩，到2020年力争建成1.36万亩高标准农田，为乡村振兴筑牢农业生产基础。

第二节　改善人居环境与美化乡村面貌

农村人居环境整治是推动乡村振兴的重要抓手。2018年以来，井冈山深入贯彻落实习近平总书记关于改善农村人居环境的重要指示精神，践行"绿水青山就是金山银山"的发展战略，按照《省委办公厅省政府办公厅关于印发〈江西省农村人居环境整治三年行动实施方案〉的通知》部署安排，将脱贫攻坚巩固提升、美丽乡村建设、全域旅游、乡村振兴等工作相结合，扎实推进农村人居环境整治工作。在习近平总书记视察指导和中央层面的政策文件指导下，江西省、井冈山市进一步围绕农村人居环境整治出台了一系列政策文件，开展了一系列专项行动，全市上下深入实施农村生活垃圾治理、农村生活污水处理、"厕所革命"、村容村貌提升等系统工程。

一、农村"厕所革命"

"厕所革命"是农村人居环境整治考核的重点，井冈山市按照政府主导、部门配合、群众参与的原则，大力推动农村改厕工作，力争走到农村改厕工作的前列。井冈山市在组织人员逐村逐户摸排情况的基础上，制定了《井冈山市农村人居环境整治农村"厕所革命"专项行动方案》，细化工作任务，将改厕具体任务分解到各乡镇、村，明确责任人、完成时间进度表，建立市、乡、村、组改厕台账。一方面，加快户厕改造。以整村为单位，紧盯农村无害化卫生户厕普及率达到90%以上的既定目标，加快推进。通过一村一村、一户一户的全面摸排，重点摸排那些住在老房子里的群众，建立台账，销号管理，各乡镇场先行出资开工，井冈山市里专项资金到位后再归还各乡镇场。各类旱厕优先改建，鼓励将厕所粪污、畜禽养殖废弃物一并处理并进行资源化利用。农户改厕按照群众接受、简便实用、节约美观、维护方便、不污染公共水源的要求，大力开发农村户用卫生厕所建设和改造，同步实施粪污治理。合理选择农村改厕模式，重点推广三格式水冲厕，每户农户至少建一个室内水冲厕。井冈山市按照"一户一厕"原则，采取 2000 元/户财政补助的方式，稳步推进户厕改造提升，确保改得实用、群众满意。同时加强工作落实情况跟踪调度，科学有序推进农村改厕工作。另一方面，加快农村公厕建设。井冈山市在加快户厕改造的同时，积极推进农村公厕、旅游公厕、乡村公厕的施工进度，严格按照《城市公厕设计标准（CJJ14—2016）》等有关公厕设计和建设技术标准要求，因地制宜推动农村公厕新建、改建工作，鼓励有条件、意愿强的自然村新建，满足当地村民和流动人员的需要，努力实现所有 200 户以上的村庄有 1 座三类以上公厕。已完成主体建设的加快装修进度，已完成选址还未建设的，要加快施工进度，确保尽早投入使用。

二、农村生活垃圾治理

井冈山市以"垃圾分类"为抓手，全速推进农村生活垃圾治理。2019 年，井冈山市被列为江西省第一批 13 个县市全域垃圾分类试点县，井冈山市继续全面贯彻落实中央《农村人居环境整治三年行动方案》有关要求，深入推进农村生活垃圾治理，力争到 2020 年实现农村人居环境明显改善、村庄环境基本干净整洁有序，村民环境与健康意识普遍增强。为此，井冈山市采取了系列举措，首先是全速推进农村生活垃圾分类处理。根据吉安市生活垃圾分类工作要求，井冈山市政府成立专门领导小组及办公室并印发《井冈山市垃圾分类试点工作实施方案》，确定在红星城区、新城镇、茅坪镇开展生活垃圾分类工作试点。与此同时，面向全山农村发放垃圾分类宣传折页，提升农户保洁意识，开展保洁员业务培训，提升垃圾分类操作水平，健全设施设备，启动建筑垃圾填埋场建设和尹亚垃圾填埋场改造提升工程，确保农村生活垃圾分类治理稳步运行。其次，实施农村生活垃圾治理市场化运作，通过政府购买服务的方式，建立集保洁、清运、处理等一条龙服务，把农村生活垃圾治理推向市场。推进城乡一体化处置模式，实行农村生活垃圾定点存放、统一收集、定时清运，形成"户分类投放、村分类收集、乡分类减量、市分类处理"的四级分类模式。再次，在建立城乡环卫"全域一体化"第三方治理的基础上，井冈山市积极推进农村生活垃圾分类减量工作。井冈山市通过城管局及金沙田公司建立健全分类投放、分类收集、分类运输、分类处理的生活垃圾收运处理系统，努力提高垃圾分类制度覆盖范围，进一步提高生活垃圾减量化、资源化、无害化水平。

三、农村生活污水治理

一是成立了井冈山全域推进农村污水治理工作领导小组及项目办公室挂牌运行，制定了《井冈山市全域推进农村生活污水治理工作实施方案》。二是以乡镇场为单位，统筹规划、整合资源、梯次推进农村生活污水治理。城镇近郊的村庄，采用延伸城镇管网的方式，实行统一处理；人口规模较大的村庄，运用人工湿地处理系统、曝气生物滤池、淹没式生物膜等技术集中处理；人口规模较小的村庄，采用化粪池、生态氧化塘、净化槽等技术分散处理。三是积极探索引入市场机制。采用PPP、BOT或"EPC+O"等模式整乡镇推进农村生活污水治理。将农村污水处理项目整体打包，通过特许经营权的方式授权给吉安市城控集团，负责项目"投资、建设、运营、管护"。通过进行市场化运作实现"统一规划、统一建设、统一运营、统一管理"提升规模效益及收益能力。四是将农村水环境治理纳入河长制、湖长制管理，优先治理赣江沿线村庄污水和房前屋后河塘沟渠，逐步消除农村黑臭水体。主要支流沿线村庄生活污水必须建设集中收集处理设施，经过达标处理后排放，不得直排进江河。五是加快井冈山市17个乡镇50个村农村污水处理设施建设项目的验收和投入使用，并加强日常维护，确保正常运行。同时，加快推进第二批31个村污水处理设施建设。

四、村容村貌提升

按照"清净整洁、形态有序、色块和谐、主次协调"和"精细秀美"要求，科学推进基础设施及"房屋、庭院"整治，持续深化"连点成线、拓线扩面、突出特色、整体推进"工作格局。按照每个新农村点投入资金不少于 30 万元，特色村点每个 300 万标准，打造新农村建设点，创建美丽宜居试点镇、美丽宜居村庄、美丽宜居庭院。深入推进交通沿线美丽示范带建设工程，打造茨坪—黄坳—下七、鹅岭—柏露—茅坪—大陇—葛田—荷花、鹅岭—新城—古城—龙市—坳里—东上—睦村、拿山—厦坪—井企集团四条美丽宜居示范带。

五、村庄环境长效管护

以习近平新时代中国特色社会主义思想为指导，贯彻落实中央"基本建立有制度、有标准、有队伍、有经费、有督查的村庄人居环境管护长效机制"工作要求，因地因村制宜，积极探索创新，科学确定村庄环境管护范围、管护标准、管护主体、管护模式、管护经费，努力构建覆盖全市村庄的规范化、制度化、长效化管护网络，为打造"清净整洁、精细秀美"农村人居环境，打好打赢全市乡村振兴"第一仗"提供保障。长效管护建立了县、乡、村三级信息平台，留存电子台账，将全市 836 个自然村全部录入，及时更新相关管护信息，同时制定"门前三包"等村规民约，推行城乡公共基础设施一体化管护，形成了"五位一体"常态化长效管护机制。

第三节　创新模式与强化乡村集体经济

井冈山市落实中央、省关于支持村级集体经济发展的决策部署和政策措施，把发展村级集体经济作为帮扶工作的重点，立足自主发展与政策保障两条路径，通过扶贫撬动、产业带动、资产经营、资源开发、服务创收、合作共赢等模式，巩固提升一批已达 5 万元收益的村，晋位升级一批 5 万元以下收益的村，攻坚破除一批无收入的村，全面消除集体经济"空壳村"。把发展壮大村集体经济情况列入美丽乡村建设、局市直帮扶单位和"第一书记"考核的重点内容。创新农村集体资产经营方式，鼓励各村盘活集体资产资源、兴办经济实体、发展乡村旅游和民宿经济，增加村集体收入。通过探索多种集体经济模式，井冈山市在实现脱贫目标的同时，为实现农民共同富裕奠定基础。具体而言，井冈山在发展集体经济方面，开展了如下几种类型的模式创新。

一、推行"产业带动型"模式发展集体经济

落实"231"致富产业发展战略，支持村级组织围绕主导特色产业，结合土地整理、农业综合开发、高标准农田建设等项目，对农户无力经营的承包地、林地等，在稳定土地承包关系和群众自愿的基础上，由村集体以公开发包等形式开展土地流转，大力发展"一茶四果"等高效农业、生态农业、观光农业和林下经济等现代农业产业化项目，形成"一乡一业""一村一品"，壮大村集体经济实力。加大对绿色食品加工、竹木工艺品加工、电子信息等企业的招商引资力度，强化工业项目对村级集体经济的支撑。

二、推行"资产经营型"模式发展集体经济

支持村级组织依法经营和处置村级集体资产资源，对闲置或低效使用的办公用房、校舍、厂房、仓库、生产装备设施等集体财产，采取竞争性方式进行存量盘活。鼓励区位条件较好、产业集聚度较高的村兴建或购置商铺、厂房、库房等设施，通过自主经营、联合经营等形式，发展仓储物流、物管家政业，增加村级集体收入。鼓励交通不便、受发展空间限制的村，推行异地发展、异地入股，以乡镇场为单位整合扶持资金抱团联建、按比例分红等

模式，引导村集体置换土地等资源，发展"飞地经济"，在工业园区、城区、集镇建设或购置标准化厂房、店面等固定资产，提升资产附加值。

三、推行"资源开发型"模式发展集体经济

围绕"全域旅游"目标，鼓励有文化底蕴、农业特色、自然生态的村，充分挖掘优势资源，引进社会资本，以资金、资源入股合作开发兴建红色培训、乡村游、农业示范园、旅游民宿等项目，发展文化创意和运动休闲等乡村旅游产业，策划举办"黄桃节""奈李节""西瓜节"等节庆活动及自行车赛等各类赛事，聚集人气，拉动消费，拓宽村集体经济增收渠道。提高土地利用率，在各类园区征地中，预留部分土地到村，用于发展村集体经济。加大"空心村"整治力度，推进土地增减挂钩项目，提高土地流转费返还标准。加大农村撂荒地整治力度，提高土地复垦奖励标准。

四、推行"服务创收型"模式发展集体经济

鼓励村级组织按照"互惠互利、有偿服务"的原则，创办各类经营性服务实体和现代农业生产经营联合体，开展代种代收、物资供应、农机作业、农产品加工与运销等经营服务，增加村级集体收入。鼓励村级组织成立有资质的专业公司，参与建筑工程、农村垃圾清运、道路绿化管护、劳务输出等有偿服务，通过获取劳务报酬和中介服务费，增加村级集体收入。对一些有特色产业的村集体，由电商产业园指导搭建电子商务运营网络平台，畅通村级农副产品购销渠道，增加村级集体收入。鼓励村集体与通讯、金融、邮政、广电、电力等企业合作，提供一定的代理服务，增加村级集体收入。

五、推行"合作共赢型"模式发展集体经济

探索强村带建弱村、村企联建、村社（合作社）共建、社会帮建等形式，实现多元化经营。鼓励村级集体经济组织积极申报涉农项目，通过集体自

办、能人领办等形式，发展项目支撑型经济。鼓励村级集体经济组织通过招商引资、入股联营等形式，依法以土地承包经营权、资产、资金等按照保底分红方式参股经营稳定、资产质量较好的龙头企业和专业合作经济组织，把经营收益和入股分红作为村集体经济收入。鼓励村与村之间打破行政区划和地域限制，在红色培训、乡村旅游等方面发展"合作经济"。

六、推行"扶贫撬动型"模式发展集体经济

主动对接国家扶贫政策，实现扶贫产业落地见效。采取"政府补助、市场运作、集体收益、惠及群众"的发展方式，完成贫困村光伏产业项目建设和4兆瓦屋顶光伏扶贫电站建设，统筹推进资金筹措、项目用地、电网接入等工作，实现光伏产业在增加贫困户收益的基础上，不断提高村级集体经济的经营性收入水平。引导各类扶贫项目融入村级集体发展，帮助建强集体经济。

第四节　回引乡贤与壮大乡村建设人才

为了进一步激活乡贤资源、凝聚乡贤智慧、汇集乡贤力量，充分发挥乡贤在实施乡村振兴战略中的积极作用，井冈山市认真贯彻落实吉安市《关于凝聚乡贤力量助推乡村振兴的实施意见》（吉办字〔2019〕124号）精神，坚持大团结大联合，以乡贤联谊组织为平台，以乡情乡愁为纽带，引导和支持乡贤参与、投身乡村建设。具体而言，井冈山市主要在建立乡贤组织，发挥乡贤作用，培育乡贤文化等方面入手，推动乡贤在乡村建设过程中发挥作用。

一、建立乡贤组织

一是全面摸清底数。对照乡贤对象条件，通过全面细致的摸底调查，收

集掌握各类乡贤资源。根据乡贤人士的发展意向、工作动态、特点专长以及回报家乡的需求，建立乡贤资源动态信息库。二是召开乡贤联谊组织成立大会。各乡镇场（街道）要通过乡贤自荐、村社区组织推荐、乡镇审核的方式，召开乡贤联谊会成立大会，并将乡贤联谊会成员名单报市委统战部备案；村、社区成立乡贤理事会，各乡镇场（街道）要督促辖区内的村、社区到 2020 年底实现乡贤组织全覆盖。

二、探索乡贤发挥作用的方式

一是实施乡贤助力乡村发展行动。在村乡贤通过"组建专业合作社""公司＋农户"等方式，利用自身资源优势，激发农村产业集群效应，建设农业产业特色乡村。在外乡贤发挥自身优势，一方面找准切入点，投资家乡发展富民产业，带动更多乡亲增收致富；另一方面广泛宣传家乡、推介家乡，助力"三请三回"引导优质项目落地。二是实施乡贤参与乡村治理行动。建立以农村基层党组织为核心，民主协商（议事）组织为补充，乡贤引领、村民参与的乡村治理新模式，鼓励乡贤参与公共事务决策咨询、协商民主议事对话等基层社会治理和公共服务活动。探索乡贤顾问制度，引导乡贤参与制定村规民约，带头宣讲法律法规，常态调解矛盾纠纷，积极参与平安乡村建设，使法律法规的刚性治理与乡贤治理的柔性辅助相结合，共同促进社会和谐。三是实施乡贤引领乡风文明行动。挖掘、提炼、弘扬新时代乡贤文化精神，发挥乡贤正能量，积极引导群众践行社会主义核心价值观，摒弃聚众赌博、封建迷信、婚丧嫁娶大操大办等陈规陋习，推进移风易俗。深入开展反邪教警示教育，引导信教群众正信正行。大力开展脱贫攻坚"感恩行动"，帮助解决实际困难，引导贫困群众听党话、感党恩、跟党走。四是实施乡贤投身公益事业行动。鼓励各地依托乡贤联谊组织这一主阵地，建立公益慈善基金，广泛开展助老、助残、助医、助学、助贫等慈善事业，坚持公正、合理、透明的原则，实行制度化、规范化、民主化管理，每年至少组织开展一次公益活动。组织乡贤认领微心愿，参与结对帮扶、孝老爱亲、扶贫就业等活动，温暖需要帮助的群众。

三、培育乡贤文化

乡贤文化是中华优秀传统文化的组成部分，是扎根中国家乡的母土文化。井冈山市推动各乡镇场（街道）对本地历史上的著名乡贤生平事迹进行发掘整理，同时树立新时代的乡贤典型，利用新闻媒体广泛传播乡贤事迹、乡贤文化、编写《乡贤故事》，吸引更多的人学乡贤、做乡贤。推动有条件的乡镇场（街道）整合现有资源，建立乡贤展示厅、乡贤馆、乡贤走廊、乡贤亭等，让群众感悟乡贤文化，提升乡贤文化引领乡村建设的价值。

2019 年以来，井冈山市 16 个乡镇 6 个林场，120 个村（社区）已全部建立了乡贤组织，有 75 个村（社区）成立了村乡贤理事会。全市共登记入册的乡贤有 1150 人，已建乡镇乡贤馆 7 个，村乡贤馆 9 个，全市成立乡贤基金会 5 个，筹集资金 300 余万元，乡贤返乡投资项目 30 余个，累计投资达 2.6 亿元。

第五节　促进乡村建设与推进乡村有效治理

井冈山市围绕"打造社会综合治理示范区"目标，以新时代基层党建引领基层治理全面提升，结合井冈山市实际，在治理主体上，一方面强化基层党组织的力量，提升基层党组织的能力，不断推进党的政治优势向治理优势的转化；另一方面，在发挥基层党组织的引领作用的同时，推进"党建网"和"治理网"的融合，将多元治理主体的力量更充分地凝聚起来，释放出来。在治理方式上，井冈山市不断推动自治、法治、德治的融合，在不同层次、不同领域发挥不同治理方式的效能。通过政策、资金、考核等方面的强化，井冈山市不断将乡村有效治理向前推进，为乡村的建设发展营造了更为和谐稳定的社会环境。

一、强化政治功能，突出基层社会治理中的党建引领

在完善党委领导、政府负责、社会协同、公众参与、法治保障的社会治理体制的基础上，井冈山市发扬井冈山斗争时期"支部建在连上"的光荣传统，强化党组织在基层治理中的领导作用，坚持把基层党建贯穿于基层社会治理全过程和各方面，全面加强基层党的建设，充分发挥基层党组织战斗堡垒作用和党员先锋模范作用，真正把基层党建的政治优势转化为基层社会治理的工作优势。强化党组织在基层社会治理中的领导地位，健全党组织领导下的村民自治、民主协商、群团带动、社会参与等机制，积极引导广大群众有效参与基层社会治理。着力搭建党员发挥作用的平台和载体，提升党员参与基层社会治理的能力，引导党员在"党建＋红色治理"工作的关键环节、重大任务中主动作为，使党员成为基层社会治理工作的"主心骨"，把党的建设和党的工作覆盖到服务群众、凝聚人心、化解矛盾、促进和谐各项工作中。

二、推动"党建网"和"治理网"双网融合

深化"全科网格"建设，建立一网格一支部或一党小组，实现"党建网"与"治理网"双网合一。开展党群服务中心和综治中心融合建设，推动阵地建设标准化、规范化。依托党建信息平台、基层治理信息平台，建立信息收集甄别、分析研判、纵向报告、横向移交、处置反馈机制，构建集信息共享、部门联动、综合研判、跟踪督办、应急处置于一体的工作体系。建立完善以公安治安队伍为主、基层巡防队伍为辅的群防群治体系，在乡村组建以党员为骨干的治安巡防队伍，使巡防队伍变成"管住每一事管好每一天"的治安"大管家"，同时积极调动老干部、老法官、老检察官、老律师、老教师、老党员等"六老"积极性，因地制宜设立"群众说事室""祠堂（圩场）

说事点",做到"小事不出村,难事不出乡,大事不出市,矛盾不上交"。针对性建立交通事故、劳动争议、医疗纠纷等行业性专业性调解组,不断调处各种矛盾纠纷,不断将党建网和由各类基层主体构成的治理网融合成协同治理的力量,为基层社会治理有效"减压"。

三、推动自治德治法治相融合

一方面,加强村(居)民自治。构建村(社区)党组织领导、村(居)委会主导,驻村(社区)单位、群众团体、社会组织和村(居)民小组等利益相关方共同参与的治理架构,组建村(居)民协商议事会,做到有事好商量、遇事多商量、难事共商量。另一方面,强化法治保障。健全基层公共法律服务体系,加强法律服务站点建设,建立村(社区)人民调解组织,开展民主法治示范村(社区)、平安村庄等创建活动。全面落实"一村一名法律顾问",着力构建党员司法协理员区域网格,深入开展"一所一周一网格"活动,把党员的旗帜树立在法治战线。全力推动公共法律服务实体、网络、热线平台融合发展,推行"人民法庭巡回审判"模式,实行法律援助案件"点援制"。结合扫黑除恶工作,大力开展专项整治行动和"5+4"治乱部署,严厉打击违法乱纪、胡作非为、欺行霸市的黑恶势力及保护伞,着力打造公平公正法治环境。同时,加强德治建设。扎实推进诚信建设和志愿服务制度。实施乡村德治工程,广泛开展支部好声音、身边好党员、最美脱贫人、好儿女、好儿媳、好妯娌、好公婆、好邻居等评选表彰活动和各类精神文明创建活动,开展寻找最美乡村教师、医生、村官、家庭等活动,发挥模范榜样的示范带动作用。

四、加大对基层社会治理的保障力度

加强政策法规研究制定,加快配套制度建设,强化基层社会治理方面的政策保障。探索开展村干部准职业化管理试点工作,推进专职社区工作者队伍建设，强化基层社会治理工作力量保障。建立健全以财政投入为主、各类专项经费为辅的党建引领基层社会治理经费保障机制，加大对基层治理工作以奖代补力度。加大对村级集体经济发展力度，确保经营性收入达5万元以上。将"党建＋红色治理"工作情况纳入领导班子政绩考核及党组织书记抓基层党建工作述职评议考核内容，加强督查考核，对成绩突出的给予表彰奖励，对工作推进不力、效果不明显的进行约谈提醒或组织调整，切实推动基层社会治理各项工作落细落实。

第七章 "率先脱贫、全面小康": 井冈山
脱贫发展的基本经验

党的十九大报告指出: "让贫困人口和贫困地区同全国一道进入全面小康社会是我们党的庄严承诺。"为打赢打好脱贫攻坚战,井冈山市坚持以精准扶贫精准脱贫方略为指引,牢记"作示范、带好头"的殷切嘱托,始终坚持中国共产党的领导、坚持以人民为中心的发展思想,在全国率先实现退出贫困县行列。井冈山市率先脱贫不仅体现了对习近平总书记关于扶贫工作重要论述的坚定遵循和创造性运用,而且体现了党和国家对革命老区人民全面小康的庄严承诺。井冈山市坚持以科学理论为指引,在发挥政治制度优势的基础上,通过贯彻精准理念、发展新业态实现稳定脱贫,发挥内外联动的积极作用,形成了可借鉴、可推广的脱贫发展经验。

第一节 科学理论指引: 井冈山脱贫发展的根本

自脱贫攻坚战打响以来,井冈山市委、市政府坚持习近平新时代中国特色社会主义思想、习近平总书记关于扶贫工作的重要论述的思想和理论指引,带领全市各级各部门和广大干部群众艰苦奋斗、攻坚克难,率先脱贫"摘帽",取得了脱贫攻坚的重大胜利,科学理论的指引是井冈山市打赢脱贫

攻坚战和全面建成小康社会的根本保证。

一、践行习近平生态文明思想，赋予"靠山吃山"新内涵

习近平总书记在 2019 年中国北京世界园艺博览会开幕式上的讲话中指出："我们应该追求绿色发展繁荣。绿色是大自然的底色。我一直讲，绿水青山就是金山银山，改善生态环境就是发展生产力。良好生态本身蕴含着无穷的经济价值，能够源源不断创造综合效益，实现经济社会可持续发展。"井冈山市地处罗霄山脉中段，全市 80% 以上的贫困人口分布在山区、林区，家家有林地，户户有林木，推进脱贫攻坚，发挥绿色资源的天然优势和潜力，需要赋予山区群众靠山吃山的新内涵。一是认真贯彻"绿水青山就是金山银山"的理念是井冈山老区人民实现可持续脱贫的精神指引。井冈山市坚持"绿水青山就是金山银山"的理念，将其作为生态脱贫、绿色发展的科学指引。二是依托现有绿色资源，将资源优势转化为经济优势，打牢绿色产业发展基础是井冈山市顺利脱贫的关键点。井冈山市通过依托现有绿色资源以及井冈山群众的生活环境，探索发展"231"富民工程，实现将生态资源优势转化为经济优势，不仅推动产业升级，更使得井冈山绿了山头、美了乡村、乐了民心，走出了一条靠山养山、养山兴山，兴山致富的脱贫道路。三是借力绿色发展项目建设、精心打造生态惠民工程、坚持合作共赢是井冈山市脱贫攻坚有效发展的路径。井冈山市通过绿色发展项目，立足于合作共赢，丰富联营形式不仅提高了贫困群众的资产收益，同时，为贫困群众提供就业岗位，最终形成了巩固拓展脱贫成果和贫困群众可持续发展的新局面。

二、贯彻习近平总书记关于扶贫工作的重要论述，不获全胜决不收兵

习近平总书记多次强调，"我们务必深刻认识深度贫困地区如期完成脱贫攻坚任务的艰巨性、重要性、紧迫性""脱贫攻坚战进入决胜的关键阶段，

务必一鼓作气、顽强作战，不获全胜决不收兵"。井冈山市在脱贫攻坚过程中坚持"以钉钉子精神反反复复去抓"扶贫脱贫。一方面，紧跟国家步伐，实施阶段性作战，逐步攻坚克难。井冈山市同全国其他地区一样，在扶贫工作历程中大致经历了输血式救济扶贫阶段、体制改革推动扶贫工作阶段、大规模开发式扶贫阶段、"八七"扶贫攻坚阶段、村级扶贫攻坚阶段和扶贫攻坚决胜阶段等六个阶段，各个阶段都紧跟国家步伐，具有自身鲜明的主题，并取得了相应的工作成效。另一方面，扣紧时代脉搏，聚焦精准要求，下足"绣花"功夫。习近平总书记曾多次形象地提到："关键是要找准路子、构建好的体制机制，抓重点、解难点、把握着力点。空喊口号、好大喜功、胸中无数、盲目蛮干不行，搞大水漫灌、走马观花、大而化之、手榴弹炸跳蚤也不行，必须在精准施策上出实招、在精准推进上下实功、在精准落地上见实效。"井冈山市践行习近平精准扶贫理念，重点在于把精准精细要求贯穿于"扶持谁、谁来扶、怎么扶、如何退"的全过程，按照"六个精准""五个一批"要求，找准病根、对症下药，精准滴灌、靶向治疗，确保各项政策措施落地落实。

第二节　政治制度优势：井冈山脱贫发展的保障

在决战脱贫攻坚、决胜全面小康社会的过程中，井冈山市充分发挥中国共产党的政治优势和社会主义的制度优势，实现执政体系上的各层"链条"高效率运作，层层抓落实；坚守以人民为中心这一根本政治立场和价值导向，领导全市人民开展了一场新时代的人民战争；凭借着超强的动员力和执行力，采取上下联动、雷厉风行的硬举措，凝聚力量，落实责任，打赢了这场史无前例、最大规模的脱贫攻坚战。

一、以党建引领攻坚克难，彰显中国共产党的初心使命

井冈山市地处边远山区，素来就有八山、半水、半分田，一分水路和庄园的说法。交通不便、信息不畅、基础设施落后是井冈山市的代名词，并且在革命战争时期，井冈山为中国的革命事业作出了巨大的贡献与牺牲。因此，2014年贫困发生率高达13.8%，远高于当时全国的平均水平10.2%。贫困群众受限于内外双重因素的影响，中国共产党并没有忘记革命老区人民作出的贡献与牺牲，没有忘记井冈山作出的贡献，中国共产党带领老区人民攻坚克难，共赴小康。井冈山市以党建引领脱贫攻坚克难，采取一系列措施。第一，优化人员配置、增强基层党组织力量是保证中国共产党在脱贫攻坚中持续发力的根本。井冈山市以严选第一书记、强化队伍建设、用好农村人才来增强基层党组织的力量，不仅让第一书记在基层扎好根、立好身，助力打好脱贫攻坚战，而且在将自身基层队伍建设好的同时，也打造出了一支永远不会走的扶贫工作队，并为进一步全面推进乡村振兴的实现注入了活力。第二，创新帮扶方式、增强脱贫效果是中国共产党打赢脱贫攻坚战的重要武器。井冈山市通过"321"帮扶机制，有效解决帮扶力量不足的问题，通过支部共建的帮扶机制，实现基层党组织与机关党组织的优势互补，提高贫困户生产生活条件、帮助贫困户解决实际困难，让贫困户由持续脱贫攻坚迈向对富裕美好生活的追求。第三，密切干群关系、增强脱贫信心是脱贫攻坚取得胜利的保障。井冈山市立足于"微"处发力，实现干群连心，从而丰富了党员活动日内容，提升了脱贫攻坚效果，密切了党群干群关系，有力提升了基层党组织的凝聚力和战斗力。通过支部建在产业链上，确保了农民受益的最大化、长期化，更加自觉地使脱贫发展成果更多更公平惠及井冈山全体人民。

二、以人民为中心全面发展，彰显中国政治制度优势的本色

习近平总书记在党的十八届二中全会第二次全体会议上讲道："贫穷不是社会主义。如果贫困地区长期贫困，面貌长期得不到改变，群众生活长期得不到明显提高，那就没有体现我国社会主义制度的优越性，那也不是社会主义。"同样习近平总书记参加十二届全国人大三次会议江西代表团审议，殷殷嘱托："我们要立下愚公志、打好攻坚战，让老区人民同全国人民一起，共享全面建成小康社会的成果。""我们实现第一个百年奋斗目标、全面建成小康社会，没有老区的全面小康，特别是没有老区贫困人口脱贫致富，那是不完整的。""革命老区是党和人民军队的根""决不能让老区群众在全面建成小康社会进程中掉队""让老区人民过上富裕幸福的生活"。井冈山市以习近平总书记关于扶贫工作的重要论述为指引，按照"精准、落实、高质量、可持续"的工作总要求，深入实施精准脱贫攻坚"十大工程"，全力打好脱贫攻坚战。截至2017年2月26日，井冈山市在全国率先实现脱贫摘帽。习近平总书记视察过的神山村，更是发生了翻天覆地的变化，近三年进村游客达30余万人次，村民收入连年快速增长，正如老百姓所说："糍粑越打越黏，生活越过越甜。"井冈山市时刻牢记总书记殷切嘱托，让贫困群众不仅在物质上脱贫，更是用红色精神引领贫困群众实现精神上的脱贫，不仅是扶志，更是扶智扶技，帮助老区人民彻底摆脱贫困。

三、以统筹全国力量支持老区，再现集中力量办大事的能力

习近平总书记在打好精准脱贫攻坚战座谈会上的讲话中指出："坚持社会动员，凝聚各方力量。脱贫攻坚，各方参与是合力。必须坚持充分发挥政府和社会两方面力量作用，构建专项扶贫、行业扶贫、社会扶贫互为补充的大扶贫格局，调动各方面积极性，引领市场、社会协同发力，形成全社会广泛参与脱贫攻坚格局。"自脱贫攻坚以来，井冈山市以独特的政治优

势，汇聚社会帮扶资源，形成合力攻坚态势，率先实现脱贫"摘帽"。其一，发挥定点帮扶的优势、有效配置帮扶资源是实现脱贫摘帽的重要手段。井冈山市通过科技部定点帮扶的契机，培养农业科技人才、建设农业创新发展平台。不仅从有生力量和长远发展的角度来考虑井冈山的持续脱贫摘帽，而且从长效的目标来看这也为井冈山发展注入了活力。其二，借力军队帮扶，以军民融合的路子走出贫困困境是老区脱贫发展的成长之路。井冈山市为贯彻落实习近平总书记"做好军民融合式发展这篇大文章"和"绝不能让一个苏区、老区掉队"重要指示，要求人武部与上海市长宁区、江苏省海门市、浙江省绍兴市柯桥区、福建省福清市、安徽省巢湖市、江西省贵溪市人武部等6地结成对子，共同开展"联学联创联建"活动，从而不仅实现产业发展，更使得民生工程深入民心。其三，汇聚社会力量，发挥国企、民企帮扶力量是顺利脱贫发展的重要环节。井冈山市通过国企帮扶，筑牢山民发展的根基，通过民企助力，实现全山发展充满活力，这不仅促进了公有制的发展，也推动了非公有制的健康成长，充分彰显了社会主义制度的优越性。

第三节　精准理念：井冈山脱贫发展的关键

与以往的扶贫开发工作相比，精准扶贫工作最突出的特点在于"精准"，在井冈山市突出体现为以精准识别、精准帮扶、精准管理为核心的贫困治理机制。习近平总书记指出："现在，中国在扶贫攻坚工作中采取的重要举措，就是实施精准扶贫方略，找到'贫根'，对症下药，靶向治疗。"如何将精准理念有效贯彻落实到脱贫实践成为打赢脱贫攻坚战、巩固脱贫成果的关键环节。井冈山市坚持精准扶贫方略，深入探索创新精准理念，用发展的办法破解贫困难题，从而走出了一条行之有效、开拓性强的精准扶贫精准脱贫之路。

一、创新精准识别方式，找准精准扶贫发力点

中国农村扶贫的瞄准单位在历史上几经变化，从"贫困县""贫困村"和"集中连片特困地区"到"精准扶贫"中"扶贫到人""扶贫到户"的变迁过程，既反映了贫困性质变化的现实要求，也反映了中国政府致力于提升瞄准精度的持续努力。"区域瞄准""整村推进""类型瞄准"和"个体瞄准"相结合的综合瞄准方式是当前中国农村扶贫的总体策略。精准识别扶持对象，成为了实施精准扶贫的首要环节，是建档立卡信息采集工作的前提。扶持对象精准要求包括两方面的内涵，一是强调识别目标准确，找出真正需要帮扶的贫困户和贫困人口，并按照贫困户的贫困程度、脱贫意愿等对扶贫对象进行细致分类；二是强调识别程序规范，必须制定科学有效的识别程序，做到识别过程无争议，在程序上减少贫困对象识别误差，找准精准扶贫的发力点。一方面，精准识别制度化、规范化是贯彻精准理念的前提。井冈山市积极探索了"红蓝黄"三卡识别机制、"12345"的甄别程序等精准识别举措，这些举措都是县域层面的贫困治理在精准方面的创新探索与实践。井冈山市在探索精准识别这一工作机制的过程中，注重厘清贫困识别的问题，将根深蒂固的人情化及时合理有效地转向制度化、合规化，在具体探索过程中注重群众参与，不仅消解了村庄群众对贫困户识别人情关系化的怨愤，并且增强了村民参与村庄治理的积极性。另一方面，精准识别标准，既要重视定量又要重视定性。井冈山市在精准识别过程中提供的另一条重要的经验就是在识别标准上，既要考虑收入，又要综合考虑住房、教育健康、致贫原因等因素，既要运用入户调查成果精准识别客观数据，又要运用民主评议，切实做到精准识别，找准精准扶贫发力点。

二、落实精准帮扶举措，破解精准脱贫发展难题

随着精准扶贫战略的纵深推进，精准帮扶的广度和深度明显提高，但是

依然面临着如何帮、怎么扶的困境。对此，井冈山市追溯贫困户致贫源头，创新出"五个起来"的扶贫模式，改善发展条件，增强发展能力，实现由"输血式"扶贫向"造血式"帮扶转变。习近平总书记2019年9月在河南考察时强调："脱贫攻坚既要扶智也要扶志，既要输血更要造血，建立造血机制，增强致富内生动力，防止返贫。""输血"只能解决基本保障，"造血"才能解决长期发展，实现脱贫攻坚一方面是扶业增收，另一方面是扶困解难，二者缺一都不能实现顺利脱贫。具体而言，一是夯实基础、构建完善的专项扶贫体系是脱贫发展的起点。完善产业扶贫、金融扶贫、就业扶贫、移民搬迁扶贫、村庄整治美丽乡村建设扶贫、旅游扶贫，将各种帮扶资源合理整合，解决贫困治理过程中的"碎片化"现象，实现扶贫政策、管理、资金、项目、队伍、对象、宣传的综合治理。二是因地制宜、发挥出行业扶贫的优势是脱贫发展的关键环节。既要发展好、又要生态好，是脱贫攻坚追求的目标，又是脱贫攻坚的底线，发挥好生态保护扶贫、社会保障扶贫、健康扶贫、教育扶贫、科技扶贫等五大类行业扶贫的优势，确保贫困群众顺利脱贫。三是凝聚合力、激发社会扶贫潜力为脱贫发展提供动力。脱贫攻坚没有必需的资金、项目、政策和力量保障，必将成为无米之炊。井冈山在率先实现脱贫摘帽的目标上，不仅在激活贫困群众内生动力上下足了功夫，而且积极整合多方政策、吸收外力支持，取得了脱贫发展的巨大成效。

三、严抓精准管理层次，完善精准脱贫监控体系

在新时代背景下，习近平总书记立足国情和民情提出了精准扶贫、精准脱贫的理念，为2020年实现全面小康社会的宏伟目标提供了深厚的理论基础，指明了前进方向。要实现精准脱贫就离不开精准管理。简言之，精准管理就是要在充分调查研究的基础上，根据既定的目标，因地制宜，精准施策。只有抓住"精准"这一核心，改进管理方法，才能由粗放式的扶贫变成精细化的扶贫，让脱贫工程提质增效。其一，贫困信息数据化监测是落实精

准理念的重要抓手。井冈山市运用大数据思维,采用互联网＋精准扶贫的方法,建立起了一个开放的、完备的脱贫攻坚监管系统。它既有最接地气、最符合民情的第一手资料,又有最科学化、最专业化的分析决策,还有阳光透明、公平公正的监督体系,是推进精准管理、打赢脱贫攻坚战的必然要求。其二,扶贫资金监管体系严密化是减贫脱贫的助推剂。井冈山市通过健全扶贫资金监管制度机制,牢固扶贫资金管理使用"高压线",确保了扶贫资金精准滴灌到户。其三,严防贫困退出考核关口对脱贫攻坚取得胜利具有绝对性意义。井冈山市坚持以考核为导向,紧紧围绕考核"指挥棒",以国家、省市贫困退出标准为标准,结合自身实际,打出了一套精准考核与精准进退的"组合拳"。

第四节 新业态:井冈山脱贫发展的根基

习近平总书记在内蒙古考察并指导开展"不忘初心、牢记使命"主题教育时的讲话指出:"产业是发展的根基,产业兴旺,乡亲们收入才能稳定增长。要坚持因地制宜、因村施策,宜种则种、宜养则养、宜林则林,把产业发展落到促进农民增收上来。"在推进脱贫攻坚工作以及巩固拓展脱贫攻坚成果的过程中,井冈山市除了借助外部帮扶、社会保障兜底等"输血式"措施外,还通过产业扶贫推动新业态和新格局的形成,以新业态新格局来巩固增强贫困地区的"造血"能力,激发贫困群众依靠自身的力量逐步拔掉"穷根",实现稳定脱贫,巩固脱贫成果,筑牢全面小康的根基。

一、以因地制宜、一村一策推进脱贫发展新业态

党的十八大以来,以习近平同志为核心的党中央带领人民打响了一场以精准扶贫为总方略的脱贫攻坚战。针对精准扶贫,习近平总书记在解决"两不愁三保障"突出问题座谈会上的讲话强调:"要实施'五个一批'工程,

即发展生产脱贫一批、易地搬迁脱贫一批、生态补偿脱贫一批、发展教育脱贫一批、社会保障兜底一批，还有就业扶贫、健康扶贫、资产收益扶贫等，总的就是因地因人制宜，缺什么就补什么，能干什么就干什么，扶到点上扶到根上。"为此，井冈山市在村级精准扶贫的规划思路中坚持"一村一策"的原则，结合脱贫攻坚与乡村建设，推进形成脱贫发展新模式。第一，整村推进和重点村扶贫是巩固拓展脱贫成果实现村庄发展的重要一环。在县域范围内既要实现脱贫攻坚，又要促进乡村建设，这需要统筹谋划合理规划。井冈山市在脱贫攻坚过程中坚持整村推进稳扎稳打，同时集中力量对重点村进行扶持。第二，对贫困村庄进行科学规划、合理布局为扶贫产业的发展打下了坚实的基础。井冈山市从基础设施建设、村容村貌治理、生态能源、产业开发，公共事业建设入手，对村庄进行科学规划、合理布局，加快交通、文体娱乐、医疗等基础设施建设，为贫困村产业发展创造了条件。第三，推进脱贫发展离不开特色优势产业的培育。井冈山市根据地区特色，发展相关优势产业，提升贫困户的自我发展能力，改善群众的生产生活条件和精神面貌，为实现全面小康打下了坚实的基础。

二、以产业融合、地区特色开创脱贫发展新格局

发展产业是实现脱贫的根本之策，打赢脱贫攻坚战，攻克深度贫困难题，实现稳定脱贫，需要为贫困地区和贫困群众发展可持续的产业，并将其作为脱贫攻坚的根本出路。发展扶贫产业实现产业扶贫，因地制宜考虑资源要素禀赋、发展条件变化。井冈山市脱贫攻坚工作过程中始终坚持将产业扶贫作为第一工程，不仅在思想上高度重视，而且还注重在实践中结合产业发展规律探索创新产业扶贫模式、联贫带贫机制和人才队伍建设。具体而言，一是红色资源与产业扶贫协调联动为脱贫发展拓展了新渠道。井冈山是中国革命的摇篮，井冈山精神是最宝贵的红色基因，在新时期脱贫攻坚工作中穿越时空、闪耀时代光芒，成为攻坚克难、追求胜利的不竭动力。在扶贫开发

工作进程中，井冈山市将其特有的文化资源与产业发展相关联，一方面通过红色精神激发群众的内生动力，另一方面，借助红色资源开发旅游业以此带动贫困群众脱贫致富。二是坚持绿色底色与农业发展是实现脱贫发展的有效路径。产业是致富的根基，也是脱贫的主要依托，没有产业带动，就难以彻底脱贫，缺乏产业支撑，更难以持续脱贫。2018 年以来，井冈山市继续围绕"在'十三五'期间，打造 20 万亩茶叶、30 万亩毛竹、10 万亩果业"的目标，全力实施农业产业"231"富民工程，巩固脱贫攻坚成果，推进脱贫致富奔小康。三是三产融合是实现产业振兴的关键。井冈山市依托乡村特色优势资源，大力发展特色种养、农产品加工、光伏发电、农村电商、乡村旅游业等优势高效产业的同时，还通过龙头带动、自我发展和政府支持等形式，延长产业链，积极探索农业全产业链，逐步打造适合井冈山发展的三产融合模式，让农民更多分享产业增值收益，为井冈山市脱贫发展打下良好的根基。

第五节　内外联动：井冈山脱贫发展的动力

党的十九大报告提出，确保到 2020 年我国现行标准下农村贫困人口全部脱贫，贫困县全部摘帽，解决区域性整体贫困，做到脱真贫、真脱贫。注重发挥中国共产党领导的政治优势和社会主义集中力量办大事的制度优势，注重广泛动员全社会力量，注重改革创新，注重激发内生脱贫动力，注重开发式扶贫和保障式扶贫结合。为决战脱贫攻坚、决胜全面小康奠定基础。党的二十大报告进一步强调，巩固拓展脱贫攻坚成果，增强脱贫地区和脱贫群众内生发展动力。为此，井冈山市积极探索内外联动、合力攻坚机制，为实现巩固拓展脱贫攻坚成果同乡村振兴有效衔接注入了充足的动力。

一、着眼于"井冈山精神"的挖掘、传承与创新，着力激发脱贫内生动力

随着精准扶贫、精准脱贫工作逐渐进入攻坚冲刺的关键阶段，有关深层次难题日益凸显成为影响脱贫质量的突出瓶颈问题与核心挑战，其中贫困地区和贫困人口的内生动力问题成为打赢打好脱贫攻坚战的一个亟待关注的领域。井冈山市通过挖掘、传承并创新"坚定执着追理想、实事求是闯新路、艰苦奋斗攻难关、依靠群众求胜利"的井冈山精神，并采取切实有效的扶贫扶志行动，激发脱贫攻坚的内生动力。一是将扶贫扶志与优秀革命历史文化的传承相结合。一些学者在研究贫困问题时从贫困文化的视角分析贫困的成因，贫困文化的盛行是导致地区贫困的根本原因之一。这种分析不无道理，但是也不能忽视优秀文化对脱贫的助力。井冈山优秀的革命历史文化中强调的坚定执着、实事求是、敢闯新路、依靠群众的优良传统与激发群众内生动力相契合，并以这种红色资源红色文化教育群众，为脱贫攻坚营造艰苦奋斗的实干氛围。二是将激发群众内生动力与激发干部内生动力相结合。在脱贫攻坚过程中，群众是脱贫的主体，要脱贫就必须依靠贫困群众自身的力量，才能实现真脱贫、脱真贫，同时党员干部是带领群众脱贫的主要力量，党员干部是否愿意全心全意带领群众脱贫，直接关系到脱贫攻坚的效果。井冈山市按照"讲好故事、贴紧实际、党员带头、发动群众、务实求效"教育引导党员干部群众强决胜脱贫之志。通过"讲好红色故事""乡村大讲堂""身边人讲身边事"等形式，搅动党员干部思想，唤醒群众脱贫意识。三是将扶志教育、能力提升和发展产业就业相结合。贫困群众脱贫有难度，内生动力不足，往往存在着多方面的成因，应该根据成因的不同，对症下药，从而激发群众内生动力。井冈山市对此实施一户一法，针对有业无力的注重产业脱贫；针对居住条件差的，注重异地搬迁脱贫；针对因学致贫的，注重教育扶贫等，因户施策提升贫困户脱贫积极性。

二、立足于市场主体责任意识的激活与延伸，着力挖掘发展潜力

精准扶贫、精准脱贫持续发展的关键是将贫困群体与市场对接起来，那么产业扶贫的重要性毋庸置疑，在产业扶贫中如何开发市场扶贫的潜力，成为脱贫发展重点关注的话题。对此，井冈山市在此方面的探索提供了一些可供借鉴的经验。其一，将企业风险先担与贫困户发展产业愿望相联结。井冈山市依托引进的企业建立起"公司＋合作社＋贫困户"的模式，按统分结合，以统为主，实施"四提供、三确保、二受益、一带头"的帮扶措施，无偿提供原材料，提供技术等，并确保产品 100％ 回收，真正让贫困户零风险、零投入参与，将市场中存在的风险提前承担，阻断贫困户进入市场后面临破产的风险。其二，将市场开拓与贫困户技能提升相结合。井冈山市通过产业扶贫组建起合作社及时向农户提供良种苗木、技术培训、技术指导、农资供应、供求信息、产品销售等全程服务，提高了贫困群众的组织化程度和技术能力，为贫困户长远持续脱贫提供了重要手段。其三，将聚合帮扶资金与提升扶贫产业市场竞争力相融合。资金分散使用无法发挥出资金的杠杆撬动作用，必须将扶贫资金统一调度、集中使用。井冈山市将贫困户 5000 元产业帮扶资金作为股金入股各村合作社，参与合作社的经营管理，让贫困户们既获得了收入，又学到了技术，真正变"输血"为"造血"，不仅为贫困户保障了收入来源，而且依靠合作社对接市场竞争，降低了贫困户自身参与市场竞争所造成的风险。

三、聚焦于内生动力与外在助力良性互动，着力构建大扶贫格局

在实施脱贫攻坚、巩固脱贫成果的过程中，内生动力与外在助力都是实现贫困地区稳定脱贫的重要力量。一方面，调动广大贫困群众积极性、主动

性；另一方面，激发社会力量的责任感、参与感。只有切实而真正地将内生动力与外在助力相结合，才能实现贫困地区的可持续发展，最终全面建成小康社会。习近平总书记在东西部扶贫协作座谈会上的讲话指出，"用好外力、激发内力是必须把握好的一对重要关系。对贫困地区来说，外力帮扶非常重要，但如果自身不努力、不作为，即使外力帮扶再大，也难以有效发挥作用。只有用好外力、激发内力，才能形成合力"。具体而言，第一，在实际操作层面，井冈山市在脱贫攻坚的社会动员和参与体系中，将贫困地区和人贫困口的内生动力与社会帮扶力量的外在助力有机结合起来，利用红色资源红色文化的精神引领与军队扶贫的"三联活动"有机融合，为井冈山率先脱贫提供了强大动力。第二，在工作机制和方式上，实现从表层向深层，由点到面，由政府单一帮扶力量向政府、社会、市场等多元化力量合力推进，从单向度帮扶向多维度互动式协作，由"输血式"扶贫向"造血式"脱贫转变与调适。井冈山市在科技部定点扶贫下，积极探索"科技+"的模式，从产业发展到智力提升再到共建共享式发展，不断提升扶贫的"造血"能力。第三，在工作举措上，瞄准制约井冈山市脱贫与发展的短板领域和薄弱环节，精准施策，尤其是针对因病致贫、因学致贫突出问题和医疗卫生条件滞后的现实困境，井冈山市扩面提标、遇困即扶、提质增效，将贫困有效阻断在源头。

结　语　挑战与展望

前面诸章分别从不同维度和层面细致而深入地展现了江西井冈山市决战脱贫攻坚和决胜全面小康的成效、过程、做法、经验等，描述了工作亮点和特色。立足于这些研究，以党的十九届五中全会精神为指引，进一步探讨两个问题：一是基于井冈山市脱贫发展的历史进展和现实境况，指出其今后所面临的困难与挑战；二是基于中央、国家的总体部署以及江西省、井冈山市的实际状况，展望其可能的探索方向和发展趋向。

第一节　面临挑战和困难

在决战脱贫攻坚和决胜全面小康的重大时间节点，以回顾消除绝对贫困的伟大成就为基础，及时而清醒地对民生福祉、社会发展等领域所面临的挑战和困难进行梳理与分析，就显得尤为必要且紧迫。从江西省井冈山市的脱贫发展实践来看，主要存在四大突出挑战和困难。

一、脱贫发展长效机制有待健全

在完成贫困县摘帽、贫困村出列和贫困户脱贫等直接目标等目标的基础上，还应着力建立一套长效而持续的脱贫发展体制机制，不断提升人民群众的民生福祉水平。对于井冈山市来说，主要体现在产业发展及其运行机制方面。其主要存在三个问题：一是特色农产品的市场机制不完善。目前，"一茶四果"等农产品的销售方式较单一，销售渠道不通畅，特别是贫困户、散户自主栽种的农产品销售信息不多、滞销风险较大。小农户对接大市场存在产品供给不精准、信息更新不及时、议价能力弱等困境，低收入农户从事特色产业发展仍面临较大的市场风险。二是乡村产业基地只关注前期建设，后续管护欠缺或滞后，存在"一建了之"的现象，只顾眼前，不管长远，导致产业基地的成活率低、经济效益低，存在可持续发展的隐患。三是产业扶贫利益联结尤其是带贫益贫机制不健全。"231"富民产业与贫困户的利益联结机制不够明确、紧密。不少乡镇场把产业奖补资金直接投给了当地的大户富户，或者把政府扶持贫困户的产业资金入股合作社"一股了之"，贫困户没有实际参与，利益链接纽带很弱，获得感不强。产业扶贫持久发展的动力缺乏，在相关政策支持缩减或退出后极有可能走向瘫痪，与产业振兴难以有效衔接，更无法为产业兴旺提供扎实基础。

二、城乡统筹的困难帮扶体系尚未建立

在脱贫攻坚阶段，主要聚焦于补齐农村地区的发展短板，集中资源和精力确保农村贫困人口如期脱贫，全面消除绝对贫困。不过，随着经济社会结构的深刻调整和民生福祉水平的不断提升，城镇困难人群的问题也日益凸显，城乡统筹的困难帮扶体系尚未建立。城镇困难人群问题集中体现在三个层面：一是城镇困难人群的政策支持和帮扶力度相对滞后于经济发展水平和消费水平，尤其是城镇贫困人口的稳定就业和住房安全等突出问题仍然有进一步提升和拓展空间。另外，因企业倒闭或亏损后失业的困难职工没有及时纳入救助帮扶体系。二是因征地并实现市民化的失地群体，在面临常态性的征地补偿低的问题的同时，还存在就业对接不畅等可持续生计以及医疗、养老等社会保障体系跟进不及时或水平较低等方面的难题。三是农民工进城后

的帮扶工作基本上处于空缺或滞后状态，而且其困难问题往往具有多维、复杂而动态等特征，涉及收入、消费、居住、子女受教育、社会保障、权利受损等多个层面，与当前以属地管理为主、一元化、静态化的贫困治理体系不匹配。

三、乡村振兴基础不够牢固

尽管井冈山市率先实现脱贫摘帽，并持续性地开展了巩固提升脱贫攻坚工作，但是作为革命老区和边远山区，其乡村振兴的基础还不够牢固，与实现巩固拓展脱贫攻坚成果同乡村振兴有效衔接的要求还有较大距离。其一，合作社管理制度不规范，运行机制不健全。主要体现在三个方面：一是制度文本和落实不规范，存在制度简略、模糊、缺失、名存实亡、落实不到位等问题。二是运行机制不健全或可持续性差。在全市 100 多家扶贫合作社中，只有少数管理规范、效益较好、分红到位或垫付分红，多数运行状况不太好。譬如，部分合作社的股权证时间只到 2020 年，没有明确今后的安排；有的分红比例明显高于市场水平，导致分红不及时或难以持续分红；有的没有产生收益先分红，或者没有明确股本金归属和股权转让、继承等关系。三是奖补不规范。主要表现为补给了个人而非合作社、重复补助而非一次性补助、超面积超额领取补助、多部门同时领取补助等具体问题。其二，农村人居环境整治工作不够扎实，长效机制还未建立。主要体现在三个方面：一是村容村貌方面，"拆得彻底，清得干净，管得规范"的工作目标实现不平衡，部分村庄"清得干净"方面工作不及时，存在拆除现场没有及时清理平整，门前屋后和垃圾桶垃圾清理不及时、巷道路边乱堆乱放等现象，"管得规范"方面更是任重道远，涉及责任落实、监管不力、习惯养成等多个层面的难题。二是庭院建设方面，有些乡村的庭院没有完全按照"设施美、布局美、绿化美、卫生美、家风美"的要求创建，只是修建围墙护栏，离全域旅游的标准还有较大差距。三是管护长效机制方面，部分乡镇没有建立管护制度、标准和督查机制，大多数村庄未建立"有制度、有标准、有队伍、有经费、有督查"机制。

四、低收入人口内生发展能力仍需提升

由于集中力量办大事的制度优势以及政府、社会、市场合力攻坚的大扶贫格局，贫困县脱贫摘帽和贫困人口脱贫致富具有明显的外部支持性。对于井冈山市来说，中央定点帮扶单位、国有企业、民营企业和社会力量等各种外部力量帮扶和反哺革命老区的力度和效果相当突出，为井冈山市率先脱贫摘帽作出了巨大的贡献。然而，这些支持和帮扶也有可能引发或强化贫困人口和村庄的依赖心理。同时，脱贫攻坚的政策和资源大规模集中投放到贫困村庄和农户，脱贫摘帽的限时性和强约束性，政策落实的过程和方法简化等，也都会进一步加重内生动力不足问题。在脱贫攻坚的收官之年和全面建成小康社会的实现之年，低收入人口的内生动力和发展能力等贫困治理的深层次问题更加凸显，也亟须引起关注。

第二节　未来展望

在巩固拓展脱贫攻坚成果以及实现同乡村振兴有效衔接的进程中，结合影响与制约井冈山市高质量发展、高效能治理的关键因素和挑战，尝试性地提出并展望井冈山市未来一段时间在民生福祉、城乡发展和基层治理等方面的趋向与路径。

一、筑牢县域可持续发展根基

脱贫摘帽不是终点，而是新生活、新奋斗的起点。脱贫贵在高质量，关键在于建立稳定脱贫长效机制。在外部帮扶和支持退出后，脱贫地区和人口应当也必须具备较强的内生动力和自我发展能力，形成一套具有稳定性、可

持续性的脱贫发展能力和经济社会发展活力的支撑体制机制。结合井冈山市脱贫攻坚的成功经验、良好基础和资源禀赋，应按照"产业为根、立志为本、机制为要、党建为基"思路，推进"产业增收、能力提升、兜底保障、党建引领"四个全覆盖机制，进一步筑牢县域稳定脱贫和可持续发展的根基。具体而言，坚持产业为根，推进产业增收全覆盖，确保收入上的可持续；坚持立志为本，推进能力提升全覆盖，确保精神上的可持续；坚持机制为要，推进兜底保障全覆盖，确保保障上的可持续；坚持党建为基，推进党建引领全覆盖，确保力量上的可持续。

二、开创老区高质量发展新格局

在脱贫攻坚阶段尤其是脱贫摘帽以后巩固提升脱贫攻坚成果中，井冈山市确立并实现"红色最红、绿色最绿、脱贫最好，在全面小康的征程中实现高质量跨越发展"的"三最一跨"奋斗目标，并用"三最一跨"统领全市经济社会发展各项事业。在迈向社会主义现代化的新征程中，井冈山市应当全面贯彻新发展理念，坚守绿色底色、做亮红色特色、璀璨发展金色，开创老区高质量发展新格局。一是做亮红色特色，坚持红色引领，让井冈山精神放射新光芒。习近平总书记在视察井冈山时指出，"井冈山时期留给我们最为宝贵的财富，就是跨越时空的井冈山精神"，并要求"让井冈山精神放射出新的时代光芒"。这一重要指示为井冈山传承红色基因指明了前进方向、提供了根本遵循。作为中国革命的摇篮、井冈山精神的发源地，井冈山拥有得天独厚的红色资源优势，更要始终牢记总书记嘱托，坚持用井冈山精神建设好井冈山、发展好井冈山，通过整合"红色"、挖掘"红色"、用好"红色"，实现红色资源保护更完整，红色内涵挖掘更丰富，红色培训管理更完善，让红色资源和井冈山精神更亮丽、更出彩。

二是坚守绿色底色，实现绿色崛起，让绿色发展绽放新精彩。习近平总书记指出："我们既要绿水青山，也要金山银山。宁要绿水青山，不要金山银山，而且绿水青山就是金山银山。"为此，井冈山要更加注重发挥生态优势，以改革思维和创新办法践行绿色理念，发展绿色经济，优化营商环境，打通"绿水青山"与"金山银山"双向转化通道，把美丽风光转化为美丽经济，实现绿色崛起。

三是璀璨发展金色，实现高质量发展，让革命老区奔上新征程。习近平总书记在推动中部地区崛起工作座谈会上指出，"井冈山在全国实现率先脱贫摘帽，不能返贫，要作示范，高标准"，对井冈山的脱贫发展工作提出了新的更高要求。因此，井冈山市要在实现全体人民共同富裕中继续"作示范、带好头"，探索脱贫县巩固脱贫成果、推进乡村振兴、实现县域发展的可行思路和方案。

三、探索老区高质量发展新路径

与其他地区不同，革命老区具有自身独特的发展条件和资源禀赋，也面临着某些特别的挑战与机遇。为此，井冈山市应厘清发展思路，创新发展模式，开辟发展路径，努力打造"理想信念示范区、全域旅游示范区、绿色崛起示范区、乡村振兴示范区、社会综合治理示范区"五个示范区，探索革命老区高质量发展的新路径。一是在锤炼党性上探索经验，打造理想信念示范区。大力弘扬跨越时空的井冈山精神，努力把井冈山建设成最讲党性、最讲政治、最讲忠诚的示范区。保护红色遗存，力求最完整。通过修缮提升100多处国家级和省级遗址遗迹，努力打造一座没有围墙的红色博物馆。挖掘红色内涵，力求最丰富。从井冈山斗争的故事中提取新时代的精神营养，打造一批《红色家书》等精品力作，努力打造中国共产党人和全国人民心中永恒的信念高地和永远的精神家园。做旺红色培训，力求最鲜活。通过对培训机构和教师教材的统一规范管理，努力打造全国理想信念教育基地，让跨越时空的井冈山精神放射出新的时代光芒。

二是在旅游升级上探索经验，打造全域旅游示范区。推进全域旅游，强化资源融合、文化融合、产业融合，将红色优势转变为发展优势。以全城理念打造全景井冈。实施"旅游+""茨坪+"行动计划，重点推进"1+6"特色小镇建设，着力破解"山上行山下不行、白天行晚上不行、夏季行冬季不行"发展瓶颈。以全时理念提升旅游要素。推进旅游供给侧改革，构建特色化、多元化的旅游产品体系，实现由旅游旺季向全季节旅游转型。以全业理念构建新型业态。加大产业融合力度，推动产业链条全域化，实现由观光旅游为主向休闲度假观光并重转型，打造国家全域旅游示范区。

三是在绿色崛起上探索经验，打造生态文明示范区。践行"绿水青山就是金山银山"理念，壮大绿色经济，做优绿色生态，激活绿色引擎，努力唱响绿色崛起"主旋律"。让绿色经济"壮起来"。以改革思维和创新办法践行绿色理念，努力探索产业融合发展路径，推动美丽风光转化为美丽经济。让绿色生态"靓起来"。发挥生态优势，筑牢绿色底线，推动生态文明建设走前列、作示范。让绿色引擎"活起来"。全面深化改革开放，破除体制机制障碍，着力激发发展活力。

四是在巩固提升上探索经验，打造乡村振兴示范区。以创建全省美丽宜居示范市为抓手，推动脱贫攻坚同乡村振兴有效衔接。做到"三个同步"，即推进产业富民，实现群众与集体同步增收；推进环境提升，实现庭院与村庄同步美丽；推进志智双扶，实现家风与乡风同步文明，努力走出一条具有井冈山特色的乡村振兴之路。

五是在共建共享上探索经验，打造社会综合治理示范区。始终坚持以人民为中心的发展思想，做好普惠性、兜底性民生事业和民生工程。推动社会治理大创新，争创"全国社会治安综合治理先进县（市）"，确保公众安全感和满意度继续保持全省前列，努力争创社会治安综合治理全国改革品牌。推动民生事业大发展。加大民生投入，坚持每年80%以上的财政支出用于民生，做到财力优先向民生集中，进一步提升群众福祉。推动社会风险大防范。提高防范化解重大风险能力水平，有效防范管控各类风险。通过提升社会综合治理水平，不断增强人民群众的获得感、幸福感、安全感。

四、推进城乡统筹帮扶融合发展

鉴于中国独特的城乡关系尤其是新中国成立后长期存在的城乡二元结构和体制，城乡困难人群问题与城乡关系状况具有高度的相关性。由于全面建成小康社会最突出的短板在农村地区，脱贫攻坚战的主战场和工作重心主要定位于农村地区和农民群体。不过，在全面小康建成之后，我们必须从城乡统筹的角度，及时将城镇困难群体、城乡低收入人口纳入帮扶体系，实现农村和城镇同步脱贫发展，共享改革发展成果。一是整合城乡与帮扶、救助、社会保障等职责有关的职能部门，按照城乡一体化的体制机制框架，实行帮扶对象属地化管理，将处于人口流动、动态变化中的帮扶对象切实而有效地纳入帮扶体系，确保帮扶工作的无缝对接。二是继续贯彻精准理念，对于城乡低收入群体差异性、多元性的资源禀赋、生产生活条件、思想观念、致贫原因、致富发展路径等，因人施策、对症施策，寻找更有效、更科学的帮扶方式。三是动员全社会的力量，开展常态化、综合性的帮扶工作。继续做好干部结对帮扶，完善领导挂点、单位共建、干部结对帮扶机制。加强资源整合，拓宽渠道，积极鼓励和引导企业、社会组织、志愿者团队、慈善公益机构、爱心人士等社会力量参与进来，通过提供就业岗位、捐资助学、志愿服务、救助救济等形式，帮助低收入人口解决实际困难，营造齐心协力抓帮扶、全民动员促解困的浓厚氛围。

附　录

彭夏英：幸福生活是奋斗出来的

2019 年，50 岁的彭夏英，一位普普通通的农村妇女，在丈夫受重伤后，用自己柔弱的肩膀扛起了整个家；她虽然没读多少书，却在脱贫攻坚的路上发自内心地喊出了"政府只能扶持我们，不能抚养我们"。幸福生活是干出来的。脱贫路上，彭夏英用自己的实际行动，展现了新时期井冈老区人民艰苦奋斗、自力更生、不屈不挠、奋勇向前的精神与力量。

生活的重重困难，压不垮她

偏远、闭塞、条件差……这就是神山，彭夏英出生、成长、与丈夫生儿育女的地方。三双筷子、三个碗、一箩谷子。这是分家时，彭夏英夫妻和刚出生的女儿的全部家当。尽管生活艰难、经济拮据，但彭夏英坚信，只要自己和丈夫勤劳肯干，舍得下力气，生活一定会慢慢好起来的。

过去，每天都是从早忙到晚。她和丈夫每天早早起床，爬上陡峭的高山，砍下毛竹，一路背回家里。然后，丈夫锯，她来劈，要在 1 天时间里，完全靠双手，把一根根长长的毛竹，做成 3000 多双细细短短的筷子。等到赶集的日子，再步行十几里地，一担一担挑到街市上去卖。"虽然一担只能卖到二三十块钱，但总算是一份收入，只要吃得苦就能赚得到"，彭夏英回忆说。

可惜，这样的日子并没有过多久，一天，村里一个邻居家里拆房子，热心的丈夫去帮忙时，一堵危墙倒塌下来砸在了丈夫的身上。严重受伤的丈夫，在床上躺了半年多才能下地，从此，脚上落下了残疾，再也无法干重体力活。

没有太多的时间流泪，彭夏英成了家里唯一的顶梁柱。做饭、带孩子、喂猪、种田、砍竹子……彭夏英一边照顾丈夫和孩子，一边想方设法地改善家里的生活。

然而，天有不测风云。一天，劳累过度的她在上山砍竹子时，不小心摔了一跤，腰部重伤，送到医院抢救，手术整整做了5个小时。花了一大笔钱不说，她自己也躺下了，整整半年都没法动弹，生活越发艰难。医生嘱咐她，还要休养半年才行，可看着家里的光景一天不如一天，好强的她实在躺不住了，硬是咬着牙下地干活。

"最穷的时候，连10块钱都借不到"，回忆那些苦日子，彭夏英有些哽咽。一次女儿生病住院，为了省点钱，孩子刚好些，彭夏英就想把孩子接回家，医生交代得拿些药回家吃。在缴费窗口前，她摸遍了浑身上下的口袋，还是差10块钱……"那时候的日子真是难"，哪怕生活再难，考验再多，坚强的彭夏英也一步一步熬过来了，"我相信只要自己多干点活，多吃点苦，生活一定会好起来。"

脱贫攻坚路上，不等不靠

尽管长期与贫困作伴，但彭夏英从未失去生活的信心，"脱贫"一直是她和家人共同的梦想。2016年的农历小年，与祖祖辈辈"窝"在山坑坑里的村里人一样，彭夏英怎么也没有想到，习近平总书记会亲临神山，与全村老少共度佳节，鼓励大家"要在脱贫攻坚中作示范、带好头"。

好政策，引来了脱贫好路子。立足全局整合资源，由"第一书记"和市、县、乡三级干部组成的扶贫工作组，给神山人带来了不一样的神山；着眼全域改造、全域旅游、全域产业、全域交通等进行全域规划。全村的危旧房栋栋改成了干净漂亮的安居房，进村的泥巴路修成了平坦通畅的"旅游路"。

看着村里的喜人的变化，彭夏英坐不住了，"政府只能扶持我们，不能抚养我们，我们自己也要干点什么才行。"彭夏英召集家人商量，拿出建房的积蓄，开办了全村第一家农家乐。她和丈夫将住了大半辈子的农房腾出来，按照同时容纳60人用餐的规模，简单置办了餐具就开张了。精打细算的她，带领一家人齐心协力，不断改善菜品质量，提高服务水平，热情诚信经营，使农家乐的生意红红火火，年收入超过10万元。在经营农家乐之余，彭夏英和丈夫还开起了神山特产小卖部，做起了小老板。除向游客出售自家制作的果脯、米果子、茶叶、笋干、腊肉、养生醋姜等，两口子重新拾起放下多年的竹篮编织和竹筷制作手艺，制成竹制品，还从山上挖些野生兰花、映山红等做成盆景出售，每月不出家门就能增收不少。

带动村民致富，挑起责任

生活才刚刚好起来，彭夏英就连续干了三件傻事：

第一件傻事是，她贱卖了自家的羊和牛。40多头黑山羊，是彭夏英从政府送来的7头种羊开始，起早贪黑风雨无阻放养、伺弄的成果。牛羊"淘气"，总是乱闯进村里的黄桃、茶叶基地"偷吃"。为了保障合作社的健康发展，促进全村贫困户早日脱贫，去年6月，村里紧急召开大会号召全村人禁养牛羊。多熬过几个月等入了冬，黑山羊就该涨价了，天气热的时候卖羊得亏近一半的钱，村民们个个都在观望，谁也舍不得先卖。彭夏英和丈夫也舍不得，他俩还指着这些羊卖个好价钱，好给儿子攒钱说媳妇呢。

第二件傻事是，村里推进"消灭撂荒土地，发展致富产业；消灭危旧土坏房，建设美丽乡村"两消专项行动时，其他群众个个还在犹豫、踌躇的时候，又是彭夏英率先带头，积极响应政策，牺牲自家生活的便利，带头拆除了自家的土坯杂房，还主动拆除了牛栏、厕所。看到"那么苦"的彭夏英都拆了房，村民们一个接一个地动起来了，神山村的环境整治和美丽乡村建设得以顺利推进。

第三件傻事是，她自己放弃了低保。村里评审低保时，乡、村干部上门要她去填表，她摇摇头，拒绝说："还是留给更需要的人吧！"邻居笑话她，"国家给的钱，别人用得，你用不得？"彭夏英笑了，"死水不经舀，要细水长流。我们两个现在还能动，自己赚得到，生活还过得去，总有比我们更需要的人。"彭夏英的"傻"故事，引来各级领导和媒体记者的关注，新华网、中新网、经济日报等国内多家主流媒体纷纷采访报道。一传十，十传百，彭夏英成为了激励更多贫困群众积极参与脱贫攻坚、自我与贫困作决断的好榜样。

叶维祝：勇挑重担助推贫困村蝶变

曲江村，一个"十三五"贫困村，位于井冈山市东上乡，因地理位置偏僻，山多且多为杂木，田少且多为梯田，村中无任何特色农产品和种植物，无任何产业项目发展。2015 年，叶维祝同志受组织选派从江铜集团到井冈山市东上乡曲江村担任第一书记。"刚来的时候，屋里没信号，手机要放在院子里才能接到电话，下雨天还得用塑料袋包着"，谈到对曲江村的第一印象，叶维祝坦言，远比想象中的更偏远、更落后、更贫穷。

履职以来，他勇挑重担、严于律己，重点围绕"精准扶贫"开展各项工作，始终拿出勇于担当、敢于作为、善于创新的态度和精神，真正发挥好驻村工作队的作用。通过精准谋划和布局实施，与村两委一起从发展产业项目兼基础设施建设同步实施。历经寒暑，一步步走来，使曲江村从最初集体经济为零，到现在年集体经济突破 100 万以上，并持续增长。曲江村的基础设施建设日趋完善，环境卫生治理有效，村民生活质量显著提高。

一、勇于担当

面对当初零的基础，叶维祝同志敢于带领着大家担起产业的重担，加大加强产业扶贫力度，做大做强产业项目。习近平总书记指出，"把发展短平快项目和培育特色产业结合起来，变输血为造血，实现可持续稳固脱贫"。所以在前期谋划产业发展方面，他认识到，既要考虑到产业同质化带来的产品市场饱和，竞争力下降，也要考虑到单一产品抵御市场能力弱的问题。而如何提升产业发展质量，就要从延伸产业链条，优化产业格局，完善产业机制方面入手。从最初的单一产品产业发展走向多产业共生发展，以互利共生、互利共赢为原则，优化产业结构，抓住现有莲子产业带动养蜂产业，利用蜂采蜜间接又为莲花授粉，形成共生机制，因地制宜，统筹推进农机合作社、花卉苗木扶持、白莲合作社及养蜂产业四个项目发展。在叶维祝同志的带领下，曲江村逐步走出一条以白莲、养蜂产业为主，农机、花卉苗木为辅的产业发展新模式。

二、敢于作为

"既然担起了产业这个重担，那就要敢于去做好做大做强"，叶维祝同志常常念叨。在莲子种植上，他经常带着驻村帮扶队和村干部走出去，到江西石城、湖南湘潭等有名的莲花之乡去学习种植技术，结合本地种植环境，因地制宜，发展白莲产业。因为曲江村山多田少，且多为梯田，无法扩大莲子种植面积，大家都愁坏了。经过多次考察研判，他跟村两委和村民们反复商量，不应该局限于本村现有的莲子产量上，在保证产品品质的基础上，应该采取与外地莲子基地合作，本村合作社参与莲子生产加工全链条共同监管的方式，扩大莲子产业种植规模，通过这种方式大大提高了莲子产量，已年产白莲一万余斤。在养蜂产业上，利用曲江村得天独厚的地理环境和自然资源，聘请江西养蜂研究所专家来实地考察，勘定蜂场选址，确定蜂种及养蜂规模，签约养蜂农户到东上乡参加由江西省养蜂研究所专家授课的养蜂技术培训班，帮助他们提高养蜂技术，通过理论学习与养蜂实践结合，极大地提高了蜂蜜产量。依托乡里海伦堡养蜂产业合作社的示范带动，形成养蜂、培育、摇蜜到生产加工的成熟产业链，以共同为东上乡养蜂产业发展壮大而协同合作，共谋养蜂产业发展，现已达到年产蜂蜜五万余斤。同时，叶维祝与班子商量，决定投资 30 万购买三台旋耕机，成立了农机合作社，这一项每年纯收益有 4.3 万元。

三、善于创新

要打开产品销售致富路，就要敢为自己的产品树立品牌。以只做优产品为目标，严格控制好产业产品的品质和产量。叶维祝同志带领着村干部、村民从产品产业种养殖的源头就下足绣花功夫，精心培育、细心呵护。在产品的每个生长、养殖阶段都做好相关记录，以记录为数据，总结提高经验，从根本上确保产品的品质。在完成了产品的生产阶段，如何去打开销路将产品推向消费者，就成为摆在他和帮扶队员面前的又一道难关。面对困境，他再一次地迎难而上，勇于创新、善于创新，通过多种渠道积极开拓市场，无论是从消费扶贫政策入手，还是自媒体宣传、第一书记产业产品代言、与电商合作、参加扶贫产品展销会、进企业、进机关、进食堂等一些切实举措，步步稳扎稳打，有序打开销售通道。为迎合市场满足客户需求，将产品推出独立包装、组合包装，礼品包装和简易包装，定制专属包装。目前，产业销售产值已达 130 余万元。

只有先手，才有先机。只有远虑，方有远绩。叶维祝同志和帮扶工作队始终不忘初心、砥砺前行，用自己的实际行动践行着共产党员的初心和使命，在精准扶贫道路上栉风沐雨、不断奋斗。

神山村：书写乡村"神气"故事新篇章

井冈山市茅坪镇神山村地处黄洋界脚下，距著名的八角楼 18 公里，辖神山组和周山组两个村民小组，党员 18 人，全村共有 54 户 231 人。系"十二五"省定贫困村。2015 年，建档立卡时贫困户 21 户 50 人，贫困发生率 21.6%。2014 年以前，神山村的入村公路为水泥硬化的一条"羊肠小道"，崎岖而狭窄。村庄环境脏乱、杂物乱堆乱放、杂房乱搭乱建，住房多为危旧土坯房。基础设施薄弱，入户道路均为泥路，无自来水，用的是旱厕。2014 年以前，村集体收入薄弱，主要依靠财政转移支付。整体收入水平偏低且不稳定，村民就业主要有三种，一是到井冈山市外打工，二是在井冈山市内打零工，三是在家种水稻、砍毛竹。由此造成村经济发展动力不足，群众大部分收入是靠天吃饭，全村年人均可支配收入不足 2300 元。

2016 年 2 月 2 日，习近平总书记亲临神山村视察指导，亲切看望慰问老区群众，并就精准扶贫工作发表了重要讲话，给予了群众莫大鼓舞和鞭策。神山村牢记习近平总书记的殷切嘱托，在省市各级领导的关心指导下，全力打赢脱贫攻坚战，实现了率先脱贫，认真实施脱贫攻坚巩固提升，发生了翻天覆地的变化。2015 年至 2019 年，神山村整合财政、企业、爱心人士等社会各界物力财力，共投入 3000 余万元，用于改善交通、安居工程、村庄整治、发展产业、配套公共服务等基础设施。在工作实践中，神山村探索了"四个一"（一户一块茶竹果，一户一栋安居房，一户一个农家乐，一户一张保障网）的脱贫模式。主要是实施了四大扶贫工程，取得了四个明显的变化：

一是大力推进产业扶贫，实现了资金变股金。采取"合作社 + 基地 + 贫困户"的经营模式，成立了黄桃、茶叶两个合作社，流转土地种植黄桃 460 亩、茶叶 200 亩。当地村民和贫困群众可以获得土地租金、劳务佣金等收入，通过多种途径为每户贫困户筹措资金 2.2 万元入股到黄桃、茶叶合作社，每年按照不低于 15% 的分红，确保贫困群众收入的可持续。

二是大力推进安居扶贫，实现了旧房变新房。结合消灭危旧土坯房，建设美丽乡村，采取"政策补一点、财政出一点、单位帮一点、银行贷一点、群众出一点"的筹资方式，共投入资金 200 余万元对全村 37 栋土坯房进行了维修加固和拆旧建新，政府代建 1 户爱心公寓，让广大贫困群众住进了安全舒适的房子。

三是大力推进旅游扶贫，实现了山区变景区。进一步加大美丽乡村建设力度，拓宽进村主道，全面完成了改水、改厕、改路和生活污水处理，新建停车场、旅游公厕等旅游配套设施。成立神山村旅游协会，引导全村发展农家乐 16 户，积极与井冈山红色培训机构合作，探索了"培训到农村，体验到农户，红色旅游助推精准脱贫"的新路子。积极引进市场主体成立井冈山市神山村食品有限公司、井冈山市神山村文化旅游有限公司，发展神山村糍粑产业、竹制品产业、精品民宿和研学拓展基地，把红色培训、研学旅行和乡村旅游深度融合。2019 年，神山村接待游客达 32 万人。

四是大力推进保障扶贫，实现了无助变有助。织密扎牢贫困家庭医保、低保、社保、教育等民生托底的"保障网"，有效做好医疗救助、低保和扶贫政策的衔接，积极落实好贫困户代缴新农合、新农保，并购买商业医疗保险。落实了从幼儿园到大学一揽子帮扶政策，联系爱心企业对神山村贫困学生进行助学。对脱贫户加强跟踪监测，进行巩固性后续扶持，确保不返贫。

神山村取得显著变化的主要做法有：

一是注重党建引领。把做好脱贫攻坚各项工作作为党员、干部践行初心使命的具体行动，坚持"两学一做"学习教育常态化制度化，认真开展"一树两强"主题活动，深入学习贯彻党的十九大精神和习近平总书记关于精准扶贫、精准脱贫的重要论述。牢固树立"党建+脱贫攻坚""党建+乡村振兴"理念，进一步发挥村党支部的战斗堡垒作用。压实第一书记和帮扶干部的责任，打造一支新时代的红色服务队。神山村将每月 7 日设立为"主题党日"，定期开展党员学习、党员议事、党员决策、党员服务等活动，提高了支部议事、决策能力，增强了支部战斗力、凝聚力。结合开展"不忘初心、牢记使命"主题教育，对照身边先进典型及群众们的新期待，找出差距，抓准落实。

二是注重志智双扶。结合新时代文明实践所、神山村大讲堂、马源大讲堂等阵地，积极开展党的十九大精神的宣讲，劳动技能培训、"一会两评"活动，助力志智双扶。坚持能力导向开展培训会，着眼思想道德、致富技能、法律意识等内容，开展群众培训活动，通过教育培训提升群众发展动能。建立贫困户考核激励机制，定期开展由贫困群众、帮扶干部参与的相互点评、民主测评的"两评"活动。结合勤劳致富、孝老爱亲、节俭操办红白喜事等内容，选树身边好党员、优秀脱贫户、最美神山人、清洁家庭等典型，大力推进移风易俗，积极营造崇德向善的氛围。2019 年神山村深入开展"一会两评三创"和"不忘初心跟党走，感恩奋进再出发"系列感恩教育活动，大力选树先进典型，召开村级表彰大会，对获得勤劳奋进奖、创业先进奖、最美保洁户、文明家庭户、身边好党员、最美神山人的 26 名村民进行表彰嘉奖。志智双扶，让群众脱贫有动力，致富有能力。神山村群众脱贫后一直不忘感恩党和社会，2020 年抗击疫情，神山村群众也纷纷主动捐款，全村干群合力共捐 11290 元。

三是注重脱贫攻坚巩固提升与乡村振兴的紧密结合。率先脱贫之后，神山村把乡村振兴与巩固脱贫成果相衔接相结合，大力推进三大工程，实现三个同步，热切回应老百姓对美好生活的新向往。大力推进产业富民工程，实现群众与集体同步增收。"231"富民产业蓬勃发展，全村黄桃、茶叶产业面积达 660 亩。通过发展产业，2019 年全村农民人均收入达 2.2 万元，其中贫困户人均可支配收入 1.2 万元，村集体经济收入达到了 38 万元。大力推进环境提升工程，实现庭院与村庄同步美丽。大力推进景区综合环境提升、茅坪特色小镇接待能力提升、农村人居环境提升行动，加大美丽庭院和美丽乡村建设力度，实现了美丽庭院全覆盖，打造出了每一个细节都是一处景的效果。大力推进志智双扶工程，实现家风与乡风同步文明。深入开展"一会两评三创"活动，助力志智双扶。大力选树身边好党员、优秀脱贫户、最美茅坪人等典型，推进移风易俗，营造崇德向善的发展氛围。

截至 2019 年底，全村农民人均可支配收入 2.2 万元，其中贫困户人均可支配收入达到 1.2 万元，村集体收入达 38 万元。神山村先后荣获全国乡村治理示范村、第五届全国文明村镇、中国美丽休闲乡村、第七批"全国民主法治示范村"，江西省 4A 级乡村旅游点等荣誉称号。"糍粑越打越黏，日子越过越甜"。如今，神山村村民脱贫致富的信心更足了。正如老支书彭水生说："村里发展了，年轻人都回来了，年轻人回来了，村里肯定会发展得更好！"在跨越时空的井冈山精神鼓舞下，神山村正阔步行进在新时代乡村振兴的大路上，将书写更多新的"神气"故事。

大仓村："党建＋"引领乡村美丽蝶变

龙市镇大仓村位于龙市镇西南方向，是"十二五"省级重点扶贫村。全村辖 5 个村民小组，现有 95 户 427 人，耕地面积 739 亩，山场面积 5679 亩，大仓村共有贫困户 19 户 68 人，其中红卡户 7 户 22 人，蓝卡户 7 户 24 人，黄卡户 5 户 22 人。过去村里基础设施薄弱，到大仓村必须要走唯一的一条坑坑洼洼的碎石路，窄小到两车相遇会车避让都很困难，晴天一路灰雨天一身泥，村里几乎没有集体经济，村民生计主要以外出务工、种养农作物为主，收入微薄，村里留下的大都是老人和小孩，受自然条件和基础设施条件限制，大仓村经济发展阻力大。自 2015 年脱贫攻坚以来，大仓村深挖红色历史，整合各方资源，走出了一条巩固脱贫成果、共奔全面小康、力促乡村振兴的新路子。至 2018 年底，全村 19 户贫困户已全部脱贫。

脱贫攻坚以来，大仓村党支部以"大仓会见"红色历史为底蕴，以群众脱贫致富为目标，以改善群众生活为落脚点，按照党建促发展的总体思路，扎实推进"党建＋乡村旅游""党建＋脱贫攻坚"等党建项目，实现了向全省 4A 级乡村旅游点的蜕变。

一、建强支部堡垒　凝聚基层组织新力量

大仓村党支部扎实开展"不忘初心、牢记使命"主题教育，推进"两学一做"学习教育常态化、制度化，创新开展"诵读红色家书""谈入党初心"等特色学习活动，筑牢了党建工作思想基础，提升了基层党组织战斗堡垒作用。严格落实村"两委"班子成员坐班制和村组党员直接联系群众制度，注重后备干部和预备党员的培养。通过与井冈山烟草专卖局党支部结对共建，在阵地场所、党员教育管理、产业发展等方面都得到了长足发展，村党支部组织堡垒作用得到极大加强，党员先锋模范作用得到充分发挥。

二、开展环境整治　展现美丽乡村新面貌

大仓村通过支部定调、党员带头，在全村积极开展环境整治，全面推进"四拆三清两改一管护"工作，共拆除土坯房 40 余间，消灭旱厕，不断完善基础设施，村容村貌焕然一新。利用党员活动日，广泛发动群众开展房前屋后环境整治、垃圾分类、美丽庭院评选等活动，提升村民环境保护意识。该村将乡村环境整治与产业发展相融合，完成"袁毛会见"旧址周边 600 亩土地的流转，发展莲子种植，既得了收益，又美了环境。

三、突出红色主题　打造乡村旅游新品牌

大仓村党支部充分发挥党支部核心引领作用和党员先锋模范作用，通过深度挖掘大仓的红色文化底蕴，以文化为脉，着力推进风雨桥、林家大院"林宅深谈"、横江古桥旧址、布袋战主战场长源亭等红色建筑进行修复性改造，最大程度地还原"大仓会见"这段红色历史。编写了《大仓会见》红色

162

培训教材和《红土地的承诺》文艺节目，拍摄了"星火大仓、胜利起点"宣传片，并依托井冈山干部学院、全国青少年教育基地、井冈山干部教育学院的培训资源，面向全国党员干部开展红色培训和理想信念教育，让大仓成为没有围墙的"红色学院"。2019 年，大仓村接待游客超过 2 万人次。

四、聚焦脱贫攻坚　创造致富小康新气象

依托丰富的红色资源和优美的生态环境，大仓村党支部不断出新思路、找新点子。通过引进旅游公司，开拓特色民宿产业，新建 9 栋精品民宿，改造 3 栋群众空闲房屋，共有 120 余个床位。采用"公司＋集体＋贫困户"模式，村集体以土地入股，按 10% 分红比例，实现集体经济增收 12 万元。同时，采取一栋民宿帮扶一户贫困户的方式，为有劳动能力的贫困户提供就业岗位，对没有劳动能力的贫困户，每户帮扶 5000 元以上资金。贫困户通过卖土特产、办农家乐，增加收入 2000 元以上，通过闲置房屋出租每年受益 1 万元以上。同时，招聘 12 名返乡务工人员就业，每人每月有 3000 元以上的收入，真正实现务工和顾家两不误。

乡村振兴，红色领航。在大仓，基层党建的"深根"正让乡村振兴的"枝叶"更加茂盛。大仓村继续落实党建责任，立足美丽乡村，大力发展乡村旅游业，建设富有特色和发展潜力的美丽乡村。昔日贫困的大仓村已然摇身一变成为了全域旅游的新景点、乡村振兴的实践点。嫁到大仓村近 50 年的曾秋妹，对村里近年的变化感受最深："如今的大仓，真是大变了样，幸福满仓！"

东上乡：决战脱贫攻坚建设"甜蜜小镇"

东上乡位于井冈山市西北部，西与湖南省茶陵县交界，北与永新县三湾乡接壤，为湘赣两省三县交界之处，距龙市火车站 7 公里、井睦高速入口 9

公里、市政府驻地 50 公里，全乡总面积 125 平方公里，其中山林面积 17 万亩，耕地面积 7500 亩，是典型的偏远山区大乡。现辖 10 个行政村，64 个村民小组，总人口 8300 余人。

脱贫攻坚以来，东上乡党委、政府紧紧围绕"红色最红、绿色最绿、脱贫最好，在全面小康的征程中实现高质量跨越发展"的奋斗目标，紧盯"甜蜜小镇"建设，大力实施乡村振兴战略，巩固提升脱贫成果，推进全域人居环境整治，走出了一条生态美、环境优、基础好、产业兴、村民富的新路子，使全乡贫困户从 2014 年的 347 户 1372 人下降至 2 户 12 人，贫困发生率从 16.5% 下降至 0.1%。

一、移民搬迁，安居工程突破深山群众脱贫瓶颈

东上乡是典型的山区乡镇，特别是有几个村地处偏远，交通不便，阻碍了群众脱贫致富的步伐。为解决这一难题，东上乡结合自身特点，采取易地扶贫搬迁脱贫一批的策略，积极动员贫困群众搬出偏远的穷山沟。

为使群众能够"搬得出、稳得住、能致富"，东上乡按照"一套房、一块地、一个窝、一岗位"的模式，努力打造易地扶贫搬迁的模范基地。在东上村，席塘村两村的中心位置高标准建设了两个移民安置点，共安置贫困户 50 户 170 人，使每户都有一套安居房；按每户不低于一分地的标准，在安置点周边平整出空闲地，打造绿色蔬菜家园，使每户都有块自己的菜地；在安置点搭建鸡舍，并分给每一户贫困户，使每户都有一个鸡窝；通过安排公益性岗位、介绍在企业务工等方式，使每户都有一人就业。通过四项措施增强贫困户"造血"功能，真正破解了深山群众脱贫致富的难题。

二、民企助力，一片丹心促进甜蜜幸福事业

东上乡山高林密，植被丰富，环境优美，历来有养殖蜂蜜和野蜂的传统，为充分利用好生态资源优势，做大做强蜂蜜产业，引进了海伦堡控股集

团落户助力。

一是合作共赢促发展。为切实做好蜂蜜产业的发展工作，海伦堡控股集团投入资金 300 余万元成立海伦堡养蜂专业合作社，选派 2 位管理人员驻点帮扶发展蜜蜂产业。通过"公司＋合作社＋村集体＋农户"的经营模式，垫资 127 万元为全乡 9 个村集体每村发放不少于 150 箱蜂；为无力购买蜂种的贫困户每户提供 20 箱蜜蜂，与江西省养蜂研究所达成技术合作，定期安排专业技术人才在乡政府开展讲座，深入蜂场，向蜂农传授养蜂、防病虫害等专业知识。为进一步做大蜂蜜产业，成立了拾野山蜜发展有限公司，投入 600 余万元在新城区食品产业园建设了一所集研发、生产、培训于一体的现代化生产基地，预计年产值可达 3000 万元，共带动了 129 农户，其中贫困户 51 户增收，实现了公司、合作社、村集体、农户四方增收。

二是爱心助学燃希望。不忘初心，回馈社会，海伦堡集团一直关注井冈山的教育事业。2018 年，在东上乡选取 59 名品学兼优的贫困学生每人每月发放 500 元的生活补贴，2019 年，将助学范围延展至全市，在井冈山市内再选取 50 名品学兼优的贫困学生进行资助，有效地减轻了贫困学生的家庭压力，点亮了贫困学生的希望之灯。

三是完善基础解民忧。一方面兴建饮水项目。投入资金 250 万元在东上乡坳背村水库上游选取优质水源进行筑坝建池取水，结合现有的水池管道引水至每家每户，于 2018 年年底完工通水，彻底解决了群众水源不安全及间断停水的难题。另一方面帮助新建农贸市场。资助资金 30 万元建设新农贸市场，解决老农贸市场年久失修，存在的安全隐患的问题。目前，老农贸市场已经拆除，新农贸市场正在规划设计，近期将开工建设。

三、国企帮扶，倾注真情打造村集体经济发展标杆

产业兴旺是实现脱贫的根本之策，要因地制宜，把培育产业作为推动脱贫攻坚的根本出路。2015 年，江铜集团派驻驻村工作队入驻"十三五"贫

困村曲江村开始定点帮扶工作，通过精准谋划和布局实施，与村"两委"一起发展产业项目和基础设施建设同步实施，使曲江村从最初集体经济为零到现在村集体经济连续两年保持在 100 万元以上，并持续增长。

一是着力发展致富产业。自江铜集团帮扶以来，为曲江村累计投入资金达 117 万元，帮助曲江村发展养蜂 100 箱，在海伦堡养蜂专业合作社入股 50 万元资金，帮助村里购置了一台耕田机、两台收割机，种植白莲 100 亩，并带动周边发展白莲种植 400 亩。2019 年在江铜集团的帮助下，全村的集体经济收入突破了 100 万元。2020 年，还成立了农机合作社，吸纳 34 户贫困户入股合作社，不但让群众获得入股分红，而且还减轻了群众的生产支出负担，确保群众的收入稳定可持续。

二是着力完善基础设施。扶贫工作队在开展帮扶工作中，坚持从群众最关心、最期盼的问题入手，把铺道路、建阵地、修水渠等基础设施建设作为改善村庄落后面貌的突破口，积极争取资金，完成了四条村组道路硬化共 1025 米；对进村主干道进行白改黑 1200 米；新建村级文化活动中心 1 个，文化休闲活动广场 4 个和小型停车场 1 个；修建水渠 1500 余米；重建贺家桥 1 座等。随着系列惠民利民的民生工程落地，彻底解决了以往晴天扬尘，雨天路滑，农产品运不出的交通落后问题，补齐了公共服务和文化活动的短板，也为决战决胜全面小康，实施乡村振兴奠定了坚实的基础。

三是着力改善人居环境。在基础设施提升的同时，注重对村庄环境的改善，新建了 1 处民心景园，对主干道两边进行了绿化，积极开展美丽乡村和美丽庭院建设。特别是百亩莲子基地的建成，不仅是一个致富产业，还成为了村庄一道亮丽的风景，吸引了周边村庄、乡镇的游客前来观赏。随着环境的改善，村民也渐渐养成了良好的卫生习惯，村庄内的垃圾不再乱堆乱放，污水乱排乱倒的现象明显减少。

光明乡：红绿融合引领乡村巨变

井冈山市光明乡位于井冈山市南面，与江西省遂川县堆子前、大汾等乡镇接壤，是井冈山"南大门"。光明乡于 2020 年 3 月由原下七乡和长坪乡行政区划调整合并组成，光明乡生态优美，青山绿水，是国家级生态乡镇。光明乡下辖 9 个行政村，"十二五"贫困村 4 个，"十三五"贫困村 3 个。2013年以来，通过"一访、二榜、三核、四议、五公示"的"12345"的工作模式和动态管理共精准识别贫困户 593 户 2283 人，其中：红卡户 17 户 577 人，蓝卡户 331 户 1310 人，黄卡户 85 户 387 人，贫困户致贫原因中：因病致贫413 户，因残致贫 60 户，因学致贫 28 户，因灾致贫 27 户，因缺劳力致贫 8户，因缺资金和技术致贫 39 户，因自身发展力不足致贫 18 户。

一、精准确定贫困对象，首创"12345"精准识别模式

2012 年，光明乡对原来建档的 587 户 1914 人的贫困户进行了入户调查摸底，评议时，评选出了 30% 的特困户，列为第一批精准扶贫对象。由于评议建档已过两余年，光明乡贫困户，特别是 30% 的特困户贫困情况发生了较为明显的动态变化，有些小孩已大学毕业参加了工作，有些原来有病的已经治好，有些得到了政府的帮扶而脱贫，同时又有些群众原来条件较好，但突然遭遇天灾人祸，因病、因灾致贫。2013 年，围绕"精准"二字，进行精准识别，在精准识别的过程中，针对遇到的各类问题，在实践中摸索出"12345"精准识别模式（一访、二榜、三会、四议、五核）。即：一访，就是走访农户，开展调查访问；二榜，就是在各村一榜公示，在圩镇二榜集中公示；三会，就是分别召开村民代表大会、村"两委"会、党政班子会；四议，就是通过村民小组提议，村民评议，村两委审议，乡班子会决议四个程序；五核，就是各村民小组开展核对，村"两委"审核，驻村工作组核实，乡仲

裁小组核查，最后党政班子会核定。经过"12345"模式精准识别扶贫对象，为扶贫工作打下了坚实的基础，该精准识别模式也在井冈山全面推广。

二、住有所居，创新"引农下乡、移民入镇、特困上楼"安居模式

光明乡属典型的山区乡镇，山高路陡，交通不便，相当一部分群众居住在偏远村组，且土坯房较多。光明乡因地制宜，结合实际，创新"引农下山、移民入镇、特困上楼"安居模式。在各村建立了5个移民安置点，在圩镇周边建立了3个移民点。光明乡还通过"三联"活动平台，引进福建社会企业家王孝茂捐助100多万元，政府投入200多万元，在井冈山第一个乡镇建设爱心公寓，使35户特困的贫困户顺利入住爱心公寓，"爱心公寓"解决了在安居扶贫中部分贫困群众遇到的无地无钱无力建房的特殊问题，弥补安居扶贫过程中出现的政策上不足，丰富安居扶贫措施内容，后被其他乡镇所借鉴。

三、因地制宜发展产业，发展红绿结合产业模式

光明乡充分利用井冈山丰富的红色资源和本乡得天独厚的生态优势以及底蕴深厚的客家文化，引进有实力、有情怀的光明籍乡贤在汉头村成立井冈山市沃土胜境文化发展有限公司，开展研学旅行。在脱贫攻坚工作中，光明乡大力实施"党建＋脱贫攻坚"在汉头村发展研学产业，建立"村集体＋井冈山市沃土胜境文化发展有限公司＋农民专业合作社＋农户（含贫困户）"的"四位一体"利益联结机制。通过发展研学旅行带火了一个村，汉头村接待研学学员可达千人，相当于全村人口的两倍，成为了一个名副其实的千人研学村；通过发展研学旅行带活一个村，该公司连接了7家农民专业合作社，带动了本村、本乡的脐橙、金桔、茶叶、蔬菜、家庭农庄等配套传统产业和第三产业的发展。通过发展研学旅行带富了一个村，群众不仅得到实惠，村

集体经济也得到了壮大。截至 2020 年 10 月，汉头村研学旅行产业累计接待学员 10 万余人次，2019 年接待学员 4 万余人次。汉头村 35 户贫困户从研学旅行产业链中的本地务工就业、土地租金、农房接待等环节中都有直接或间接的收益；2019 年，村集体增加了集体经济收入 6 万元，沃土胜境公司负责人黄俊生被文化和旅游部评为年度乡村文化和旅游能人支持项目。

四、聚焦"两不愁三保障"，解决贫困群众后顾之忧

光明乡立足实际着力解决好"两不愁三保障"，实现贫困人口脱贫。具体而言，在教育扶贫方面，2020 年，光明乡现有建档立卡贫困户学前教育资助 51 人，发放补助 7.65 万元，义务教育阶段困难寄宿补助 108 人，发放补助 11.925 万元，高中免学杂费 35 人，发放补助 22 万元，高考入学政府资助 28 人，发放补助 22.5 万元，大学入学路费资助 28 人计 1.24 万元。雨露计划补助 97 人次，补助 87.3 万元。着力解决贫困子女上学难的问题。在健康扶贫方面，2015 年至 2020 年光明乡建档立卡贫困户医疗报销共 544 人，总费用 493 万元，基本医疗报销 242.7 万元，大病报销 56.7 万元，医疗附加险报销 144.4 万元。让贫困群众实现"病有所医"，解决看病难、看病贵的后顾之忧。在住房安全方面，脱贫攻坚初期，光明乡基础设施薄弱，农村危旧土坯房数量较多，通过安居政策支持，通过拆旧建新、维修加固、政府代建、深山移民、捐助帮扶等措施，2016 年"十三五"易地扶贫移民搬迁 42 户 118 人；全乡拆旧建新和维修加固危房改造 531 户，其中建档立卡贫困户 139 户，让贫困户住有所居，实现住房安全。

2019 年光明乡贫困户已全部脱贫。在精准扶贫精准脱贫中光明乡勇于创新探索，推动脱贫攻坚提质增效。注重产业发展，建立共赢共享的发展模式，走出一条红色和绿色交相辉映的发展之路。

主要参考文献

一、著作

1.习近平:《习近平谈治国理政》(第一卷、第二卷、第三卷、第四卷),外文出版社2018、2017、2020、2022年版。

2.习近平:《摆脱贫困》,福建人民出版社2014年版。

3.中共中央党史和文献研究院编:《习近平扶贫论述摘编》,中央文献出版社2018年版。

4.中共中央党史和文献研究院编:《习近平关于"三农"工作论述摘编》,中央文献出版社2019年版。

5.本书编委会:《中国共产党领导脱贫攻坚的经验与启示》,当代世界出版社2020年版。

6.编写组:《不忘初心 率先脱贫——井冈山市脱贫攻坚实践》,党建读物出版社2018年版。

7.陈锡文、韩俊:《中国脱贫攻坚的实践与经验》,人民出版社2020年版。

8.黄承伟:《中国共产党怎样解决贫困问题》,江西人民出版社2020年版。

9.康晓光:《中国贫困与反贫困理论》,广西人民出版社1995年版。

10.林毅夫、[喀]塞勒斯汀·孟加:《战胜命运:跨越贫困陷阱,创造经济奇迹》,

张彤晓、顾炎民等译,北京大学出版社 2017 年版。

11.刘洪:《井冈答卷》,人民出版社、江西高校出版社 2019 年版。

12.刘奇:《贫困不是穷人的错》,生活·读书·新知三联书店 2015 年版。

13.卢周来:《穷人经济学》,上海文艺出版社 2002 年版。

14.沈红等:《边缘地带的小农:中国贫困化的微观解理》,人民出版社 1992 年版。

15.王灵桂等:《中国共产党贫困治理的实践探索与世界意义》,中国社会科学出版社 2019 年版。

16.徐勇主编:《反贫困在行动:中国农村扶贫调查与实践》,中国社会科学出版社 2015 年版。

17.叶敬忠:《发展的故事:幻象的形成与破灭》,社会科学文献出版社 2015 年版。

18.张帆:《现代性语境中的贫困与反贫困》,人民出版社 2009 年版。

19.张瑞敏:《中国共产党反贫困实践研究(1978—2018)》,人民出版社 2020 年版。

20.中国发展研究基金会编:《在发展中消除贫困》,中国发展出版社 2007 年版。

21.周金堂:《打造老区振兴发展的新引擎:以井冈山革命老区县域经济发展为例》,社会科学文献出版社 2017 年版。

22.周怡:《解读社会:文化与结构的视角》,社会科学文献出版社 2004 年版。

23.[美] 奥斯卡·刘易士:《贫穷文化——墨西哥五个家庭一日生活的实录》,邱延亮译,国家图书馆 2004 年版。

24.[美] 罗伯特·劳伦斯·库恩、汪三贵:《脱贫之道:中国共产党的治理密码》,重庆出版社 2010 年版。

25.[美] 莫妮卡·普拉萨德:《过剩之地:美式富足与贫困悖论》,余晖译,上海人民出版社 2019 年版。

26.[美] 西奥多·W·舒尔茨:《论人力资本投资》北京经济学院出版社 1990 年版。

27.[瑞] 冈纳·缪尔达尔:《世界贫困的挑战:世界反贫困大纲》,顾朝阳、张海红等译,北京经济学院出版社 1991 年版。

28.[印] 阿比吉特·班纳吉、埃斯特·迪弗洛:《贫穷的本质:我们为什么摆脱不了贫穷》,景芳译,中信出版社 2013 年版。

29.[印] 阿马蒂亚·森:《贫困与饥荒》,王宇、王文玉译,商务印书馆 2001年版。

30.[印] 阿马蒂亚·森:《以自由看待发展》,任赜、于真译,中国人民大学出版社 2002 年版。

二、论文

1.曾铭:《井冈山精神对当前农村精准扶贫实践的启示》,《中共郑州市委党校学报》2017 年第 4 期。

2.陈成文、陈建平:《论习近平的精准扶贫理论与井冈山的创造性扶贫实践》,《华中农业大学学报(社会科学版)》2018 年第 4 期。

3.陈红花、尹西明、陈劲:《脱贫长效机制建设的路径模型及优化——基于井冈山市的案例研究》,《中国软科学》2020 年第 2 期。

4.陈美球、胡春晓:《协同推进脱贫攻坚与乡村振兴的实践与启示:基于江西三地的调研》,《农林经济管理学报》2019 年第 2 期。

5.程恩富等:《中国共产党反贫困的百年探索——历程、成就、经验与展望》,《北京理工大学学报(社会科学版)》2021 年第 4 期。

6.韩广富等:《中国共产党扶贫开发道路的世界意义》,《理论探讨》2017 年第 6 期。

7.韩喜平等:《中国共产党百年消除贫困的伟大创造》,《吉林大学社会科学学报》2021 年第 3 期。

8.黄承伟:《脱贫攻坚伟大成就彰显我国制度优势》,《红旗文稿》2020 年第 8 期。

9.黄承伟:《中国新时代脱贫攻坚的历史意义与世界贡献》,《南京农业大学学报

（社会科学版）》2020 年第 4 期。

10.李梦璐:《论用井冈山精神指导新时代脱贫攻坚》,《改革与开放》2018 年第 19 期。

11.李小云、许汉泽:《2020 年后扶贫工作的若干思考》,《国家行政学院学报》2018 年第 1 期。

12.李小云:《我国农村扶贫战略实施的治理问题》,《贵州社会科学》2013 年第 7 期。

13.刘娇:《毛泽东农民教育实践对农村脱贫工作的启示——以井冈山时期毛泽东的农民教育实践为例》,《福建农林大学学报（哲学社会科学版）》2020 年第 3 期。

14.刘奇:《推动井冈山高质量发展的调查思考》,《当代江西》2019 年第 11 期。

15.刘清荣、程文燕:《产业精准扶贫的井冈山调查》,《老区建设》2015 年第 24 期。

16.刘永富:《以习近平总书记扶贫重要论述为指导坚决打赢脱贫攻坚战》,《行政管理改革》2019 年第 5 期。

17.刘永富:《以习近平总书记重要讲话精神为指引 坚决夺取脱贫攻坚战全面胜利》,《老区建设》2020 年第 7 期。

18.刘永富:《有条件有能力如期完成脱贫攻坚目标任务》,《人民日报》2020 年 3 月 16 日。

19.刘宇:《乡村旅游精准扶贫的对象识别与帮扶机制分析——以井冈山市神山村为例》,《市场论坛》2019 年第 9 期。

20.刘智:《借鉴井冈山经验 打赢脱贫攻坚战》,《社会主义论坛》2017 年第 7 期。

21.陆汉文:《城乡统筹扶贫应成为未来战略选择》,《社会科学报》2019 年 3 月 7 日。

22.吴齐强、秦海峰:《鹿心社:弘扬井冈山精神 打赢脱贫攻坚战》,《理论导报》2017 年第 3 期。

23.喻嘉、彭小兵:《脱贫:资本的嵌入与内生——基于井冈山神山村的实践》,《西南民族大学学报（人文社科版）》2020 年第 1 期。

24.左停等：《精准扶贫：技术靶向、理论解析和现实挑战》，《贵州社会科学》2015 年第 8 期。

三、其他文献

1.井冈山市扶贫办：《关于巩固脱贫成果推进乡村振兴的工作意见》，2018 年 3 月 14 日。

2.井冈山市扶贫办：《印发〈关于开展"党员干部进村户、精准扶贫大会战"的实施意见〉的通知》，2015 年 5 月 11 日。

3.井冈山市林业局：《井冈山市践行"两山"理念推进林业生态扶贫》，2020 年 6 月 22 日。

4.井冈山市民政局：《关于印发〈井冈山市社会救助兜底脱贫行动实施方案〉的通知》，2020 年 4 月 2 日。

5.井冈山市农业农村局：《关于印发〈井冈山市 2020 年产业扶贫工作实施意见〉的通知》，2020 年 3 月 16 日。

6.井冈山市人社局：《实干苦干，巩固就业扶贫成果——井冈山市 2016—2020 年就业扶贫工作开展情况》，2020 年 10 月 23 日。

7.井冈山市文广局：《让新兴的旅游产业带动群众增收致富——井冈山发展乡村旅游扶贫情况汇报》，2020 年 7 月 12 日。

8.井冈山市宣传部：《关于进一步加强农村意识形态工作的通知》，2019 年 6 月 3 日。

9.井冈山市宣传部：《关于印发〈井冈山实施"文化旅游 +"产业链行动方案〉的通知》，2020 年 6 月 18 日。

10.井冈山市组织部：《中共井冈山市委党建工作领导小组印发〈井冈山市争创"党建 + 红色治理"工作品牌的实施意见〉的通知》，2019 年 12 月 9 日。

11.兰胜华：《在全山脱贫攻坚推进会上的讲话》，2019 年 12 月 11 日。

12.刘洪：《红色最红绿色最绿脱贫最好奋力谱写新时代中国特色社会主义井冈

山篇章》，2018 年 3 月 19 日。

13.刘洪：《全面探索经验奋力作出示范开创井冈山"三最一跨"奋斗目标新局面》，2019 年 8 月 12 日。

14.刘洪：《以党的十九大精神为指针奋力谱写新时代中国特色社会主义井冈山篇章》，2018 年 3 月 26 日。

后　记

　　2020年是脱贫攻坚决战决胜之年，也是全面建成小康社会，实现第一个百年奋斗目标之年。改善民生、逐步实现共同富裕，是社会主义的本质要求，是我们党的重要使命。2013年11月，习近平总书记在湖南湘西首倡"精准扶贫"，2015年11月中央政治局会议做出坚决打赢脱贫攻坚战的决定。2020年11月23日，贵州省宣布所有贫困县摘帽出列，至此，中国832个国家级贫困县全部脱贫摘帽。8年来，我国大力实施精准扶贫、精准脱贫方略，全面打响脱贫攻坚战，历史性地解决了中华民族几千年的绝对贫困问题。回顾脱贫攻坚波澜壮阔的历史成就，记录脱贫攻坚的伟大实践，不仅对我国减贫事业具有里程碑的意义，而且将为全球减贫事业贡献中国智慧提供中国方案。原国务院扶贫办组织开展2020年"三区三州"和部分典型市县乡村脱贫攻坚案例总结研究，为中央层面的全面总结提供鲜活的案例支撑，为各地各部门分别开展总结提供指导和示范，为脱贫攻坚宣传和对外交流提供生动素材，讲好中国脱贫攻坚故事，本书是该项目总结研究成果之一。本书得到原国务院扶贫办项目"江西井冈山市案例总结"的资助。

　　90多年前，井冈山孕育出中国革命火种，从此开启了中国革命的新征程。90多年后，井冈山率先实现从"贫困样本"到"脱贫样本"的华丽转身。2017年2月26日井冈山正式宣布退出贫困县序列，成为当时832个国家贫

176

困县中率先脱贫摘帽的贫困县之一。井冈山的脱贫攻坚之路是中国减贫事业的缩影，因此，记录其脱贫攻坚历程，提炼其脱贫攻坚做法，总结其脱贫攻坚经验，既具有历史意义和时代价值，也具有现实的内在需要。在原国务院扶贫办领导下，在中国扶贫发展中心的精心组织下，中国地质大学（武汉）马克思主义学院李海金教授组建研究团队，于 2020 年 10 月对江西省井冈山市脱贫攻坚的过程、做法、成效与经验等开展了全面、系统、深入的实地调研，在此基础上形成本书稿。

井冈山脱贫攻坚案例总结研究团队一行 17 人由李海金教授率队，2020 年 10 月 20 日—10 月 27 日开展了为期 8 天的集中调研。期间，案例总结研究团队一方面与井冈山市委、市政府、宣传部、组织部、市扶贫办等 20 余个部门进行了座谈访谈，与熟悉相关业务的部门领导进行了互动交流，并对各部门脱贫攻坚相关资料进行了全面收集。另一方面，案例总结研究团队深入到乡镇、贫困村、贫困户，通过深度座谈、实地考察等方式对 8 个乡镇 17 个村 30 余户贫困户开展了细致深入的实地调研。实地观察脱贫攻坚项目点、工作亮点以及各项工作举措的落实落地情况，实地感受干部群众的工作状况、乡村变化、贫困群众精神面貌的变化。另外，研究团队还利用晚上的时间组织讨论，对每天的调研情况进行总结交流，对每天的座谈访谈、资料进行分类汇总，并围绕总结报告的写作思路开展讨论，围绕某些重点难点问题开展深度研讨。其后，在书稿的撰写过程中，研究团队多次以视频会议的形式对书稿的结构框架、写作提纲进行研讨。初稿完成后，中国扶贫发展中心组织了两次评审会，对稿件进行了研讨与评审，专家提出了很多建设性的修改意见与建议。

本书是研究团队合力攻坚的成果，李海金教授作为研究团队负责人，提出研究框架和思路，设计写作大纲，并组织开展研讨、统稿、审稿等工作。各章撰写人分别为：导论，慕良泽（山西大学乡村振兴研究院教授）、赵勇（山西大学乡村振兴研究院博士生）；第一章，陈文华、李亚静［中国地质大学（武汉）马克思主义学院博士生]；第二章，乔陆印（山西大学乡村振兴研究院副教授）；第三章，吴晓燕（中共四川省委党校马克思主义学院教授）、龚丽兰（中共四川省委党校马克思主义学院讲师）；第四章，陈文华、杨振亮[中国地质大学（武汉）马克思主义学院博士生]、赵政（南阳理工学院马克思主义学院讲师）；第五章，慕良泽（山西大学乡村振兴研究院教授）；第六章，焦方杨[中国地质大学（武汉）马克思主义学院博士生]；第七章，李海金[中国地质大学（武汉）马克思主义学院教授]、冯雪艳、杨振亮[中国地质大学（武汉）马克思主义学院博士生]；挑战与展望，李海金[中国地质大学（武汉）马克思主义学院教授]。陈文华、冯雪艳、杨振亮、陈晓菁参与了统稿工作，对部分章节稿件进行了修改与完善，最后由李海金定稿。中国地质大学(武汉)马克思主义学院硕士生陈珠妹、左孟雯、肖健勋，山西大学乡村振兴研究院硕士生李佳茜，中共四川省委党校马克思主义学院硕士生余其安、陈权科共同参与了实地调研、资料收集和整理等工作，在此对研究团队所有成员的鼎力相助表示衷心的感谢！

在课题实施和书稿撰写的过程中，井冈山市委市政府、20余个职能部门及其主要领导和工作人员，8个乡镇17个村扶贫干部和群众给予了研究团队大量的支持与帮助，尤其是井冈山市扶贫办的诸位同人们给予了热情接待和积极的配合，如果没有他们的配合与奉献，项目开展难以顺利推进，书稿不可能按时完成。在此，对井冈山市领导、干部和工作人员辛勤付出表示诚挚的感谢！

本书稿是原国务院扶贫办课题成果，感谢原国务院扶贫办及领导提供难得的机会。中国扶贫发展中心主任黄承伟研究员在项目实施、书稿写作修改过程中提供了许多具有建设性、指导性的意见和建议，曾佑志副主任、苏娟副处长等也对书稿提出不少十分中肯的意见。在书稿研讨会上，专家学者对本书稿提出诸多针对性的建议，在此，对各位领导、专家学者表示由衷的感谢！

因各种原因，本书难免有疏漏之处，敬请广大读者批评指正。

2020 年 12 月 8 日初稿

2023 年 3 月 20 日定稿

于武汉南望山

责任编辑：刘　畅

装帧设计：胡欣欣

图书在版编目（CIP）数据

井冈山市脱贫攻坚的实践、经验与展望／李海金，慕良泽　著 .—
　　北京：人民出版社，2023.11
（中国脱贫攻坚典型案例丛书）
ISBN 978－7－01－026115－7

I.①井…　II.①李…②慕…　III.①扶贫－工作经验－扶贫－井冈山市
　　IV.① F127.564

中国国家版本馆 CIP 数据核字（2023）第 222720 号

井冈山市脱贫攻坚的实践、经验与展望

JINGGANGSHAN SHI TUOPIN GONGJIAN DE SHIJIAN JINGYAN YU ZHANWANG

中国扶贫发展中心　组织编写

李海金　慕良泽　著

人民出版社 出版发行
（100706　北京市东城区隆福寺街 99 号）

中煤（北京）印务有限公司印刷　新华书店经销

2023 年 11 月第 1 版　2023 年 11 月北京第 1 次印刷
开本：710 毫米 ×1000 毫米 1/16　印张：12
字数：165 千字

ISBN 978－7－01－026115－7　定价：48.00 元

邮购地址 100706　北京市东城区隆福寺街 99 号
人民东方图书销售中心　电话（010）65250042　65289539